Historia de género en el Antiguo Egipto

Roberto Sánchez Sevillano

Bachelor's Thesis

[July 2019]

Universidad de Castilla-La Mancha

Supervisor: Francisco Javier García Bresó

Faber & Sapiens

Historia de género en el Antiguo Egipto

Roberto Sánchez Sevillano

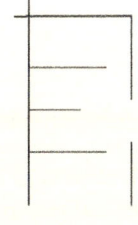

Ápeiron Ediciones

First Edition by Faber & Sapiens,
an imprint of Ápeiron Ediciones,
in 2024

ISBN: 978-84-129510-2-8
DL: M-25125-2024

A mi familia guardiana, en especial a mi madre, María del Prado,
y a mi hermana, Lourdes, que me arrojan luz
con emociones y confianza en mi persona.
A mis amistades fieles por su sustento confidente e incondicional.
A la perseverancia y sacrificio que hacen del camino un aprendizaje,
donde los errores son victorias y los aciertos humildes sombras.

CONTENTS

1. Introducción

En primera instancia, previamente a los interrogantes que expondré en el presente trabajo, he considerado esencial partir desde el origen de la vida en la Tierra, que ofrece Dawkins en su libro ``El Gen Egoísta''[1]. Esto es debido a que puede su visión puede aportar una hipótesis de por qué en las diversas culturas del planeta se han desarrollado diferencias entre individuos independientemente del género o sexo. Volviendo a ese origen biológico, sería acertado a destacar la explicación de este autor donde expone que una molécula se habría creado de manera accidental, llamándola replicador; ésta tendría la facultad de hacer copias de sí misma consiguiendo con el paso de los años la evolución hacia una vida más compleja. Esta idea es seguida por el concepto la competencia entre unos seres y otros. Estas moléculas llegarían a ocupar diferentes puntos terrestres, provocando la escasez de recursos para tan grande comunidad de seres primarios. Por ello surgirían competencias entre las variedades de moléculas presentes por la lucha del alimento que les haga sobrevivir y evolucionar. Esto lo veía esencial de presentar en el principio de mi explicación, ya que si desde el origen de la vida en el planeta Tierra, las moléculas tenían el ideal de competir por los recursos, podría ser lógico, que ese comportamiento se trasladase a los seres complejos del futuro.

En este sentido, desde la tradicional oposición naturaleza/cultura, se podría observar que hay cierta complementariedad y no oposición, y, por lo tanto, ambos conceptos se han interrelacionado a lo largo de toda

---

[1] R. Dawkins, *El Gen Egoísta*, Madrid, Editorial Salvat, 2017, pp. 20, 21.

la Historia[2]. En primer lugar, la biología crearía unos cuerpos en todas las especies, con la variación del sexo femenino y el sexo masculino. A partir de aquí, todos los seres vivos del planeta desarrollarían unos parámetros de actuación que se legitimarían en función de su validez a la hora de sobrevivir ante el mundo que les rodea. Por lo tanto, si esas costumbres culturales actúan de elemento propulsor de esa especie, se conseguiría que se transmitieran de generación en generación, debido a que han conseguido solucionar las diferentes situaciones adversas a las que se han tenido que enfrentar.

De esta manera, las plantas, animales y seres humanos utilizarían el procedimiento de la competencia para sobrevivir por los recursos, independientemente de que sus acciones afectasen a incluso la vida de su contrario, ya que lo harían de manera instintiva. Por lo tanto, sería precisamente ese instinto el que los llevaría a defender el espacio donde se encuentran los recursos y enfrentarse con aquellos que pretenden lo mismo. Desde este punto, surgirían los actos de colaboración, los pactos, las alianzas…, porque ahí residiría el éxito de la especie predominante. Sobre todo, este aspecto se podría relacionar con el ``contrato social´´ entre hombres y mujeres en la sociedad humana, los cuales colaboran entre sí para conseguir el máximo beneficio posible para el conjunto de la comunidad.

A continuación, he considerado oportuno exponer una pregunta esencial para el desarrollo inicial de este trabajo; ¿En qué reside el éxito del ser humano?, y ¿por qué el mantenimiento de su evolución? Según Dawkins, Darwin habría dado la explicación correcta del motivo de la existencia humana, es decir, gracias a la evolución constante y con variaciones según la selección natural[3]. Además, Dawkins expone que uno de los objetivos de su libro sería la de que las personas lectoras del mismo luchasen por conseguir conformar una sociedad donde todas las gentes colaborasen de manera altruista. Esto sería debido a que los

---

[2] Ibid., pp. 25.
[3] Ibid., pp. 28-29.

genes no tendrían un funcionamiento racional y, por tanto, el objetivo de ellos es sobrevivir a través del método de selección natural.

Es posible que, si hemos llegado hasta el siglo XXI, podría ser a causa de acciones selectivas en el pasado, las cuales han funcionado en el proceso de evolución humana[4]. Considero que los procesos selectivos es lo que habría llevado al ser humano a evolucionar, a sobrevivir a depredadores, a adaptarse al medio que le rodea, convivir en comunidad…etc. Eso sí, sin dejar de lado la parte de la supervivencia, contribuyendo a crear lazos de relaciones sociales, de parentesco, consanguineidad, donde primaría el asegurar la vida por alcanzar un estatus social elevado.

Además, he considerado de interés señalar una relación mutua que en el estudio de la historia no se ha dejado clara, como sería la de la naturaleza y la cultura. Estos dos conceptos son fundamentales para el desarrollo de la vida tal y como la conocemos hoy en día (entre los humanos, sobre todo), y a través de su estudio, se podrían llegar a conclusiones esclarecedoras sobre el porqué del estado actual del hombre y la mujer en las sociedades complejas. Por lo tanto, planteo la hipótesis (desde la idea de Dawkins) de que hay una relación directa entre la genética y la creación de la cultura, es decir, que ambas partes se benefician mutuamente para el mejor desarrollo de la especie humana[5]. Así habría una relación entre naturaleza y cultura como una pareja que se complementan: primero estaría la biología que permite la creación de la especie humana como tal, y después la cultura o la capacidad de resolver problemas y trasmitirlos a las generaciones posteriores. Esta situación terminaría por influir o convertir la cultura en una estrategia de supervivencia que influirá en la genética, como el caminar bípedo, el uso de prendas de vestir que elimina el pelo del cuerpo, las modificaciones musculares de los maxilares por alterar nuestro sistema alimenticio, etc.

Siguiendo esta línea de trabajo, he considerado importante destacar uno de los ejemplos más ilustrativos de Dawkins, sobre comportamientos

---

[4] Ibid., pp. 31.
[5] Ibid., pp. 33-34.

llamativos en los seres vivos, que sería el de las mantis religiosas. En el momento del acto sexual el macho se pondría encima de la hembra con cautela, empezando el acto en sí; posteriormente, mientras continúa el acto, la hembra podría ser capaz de comerse la cabeza de su compañero. Es cierto que Dawkins expone que esta se comería la cabeza del macho incluso sin este haber llegado a practicar relaciones sexuales. Esta situación sucedería debido a que la mantis ve al macho como un insecto más dentro de sus posibles recursos alimenticios, y dependería del macho que lo anteriormente mencionado no se diera. Esto sería debido a que, si el macho actuase adecuadamente para que la hembra lo aceptase, evitaría ser comido por ella. Es decir, ella actuaría por su instinto de supervivencia, y si concibiera que no es el macho lo que su organismo necesita, pues lo rechazaría, pero en la otra opción ingiere su cabeza, como un acto irracional.

Por otro lado, a mi parecer, todas las especies de la Tierra tendrían esa idea que expone Dawkins de que los genes tratan de sobrevivir como puedan y eso lo considera con cierto matiz de egoísmo, que haría actuar a estas con su instinto de supervivencia y que tendrán que solucionar diferentes situaciones para conseguir la evolución de estas[6]. En este sentido destacarían elementos problemáticos como el clima, la geografía, la convivencia en comunidad o grupos pequeños, conflictos con depredadores y/o miembros de la misma especie…etc.[7].. Estos serían una serie de problemas que el ser humano y demás especies terrestres y acuáticas tendrían que resolver con el objetivo del mantenimiento y evolución de las especies. La nuestra habría tenido una evolución un tanto peculiar si la comparásemos con otras especies de la Tierra, pero no lo señalo como cierto egocentrismo o superioridad ingenua[8]. Sino que, lo recalcaría como una manera de exponer que, ¿cuáles habrían sido esos problemas constantes a los que el ser humano tuvo que hacer

---

[6] Ibid., pp. 36.
[7] Ibid., pp. 70.
[8] Ibid., pp. 78.

frente en el pasado?, y ¿Cómo fue capaz con unas formas de actuación concretas de llegar hasta este siglo, y en la manera en la que vivimos?

En primer lugar, cabría destacar otra pregunta encaminada a resolver los anteriores interrogantes, como podría ser, ¿por qué los seres humanos podríamos ser diferentes a la hora de contribuir al desarrollo de nuestros genes? Para resolver esta cuestión, pondría la mirada a la biología del ser humano, donde podríamos señalar innumerables caracteres que nos harían diferentes a las mujeres y a los hombres, refiriéndome en lo anatómico (y en la conformación de los procesos culturales relacionados con las modificaciones de nuestra biología). Estas diferencias naturales unidas a los genes, que tendrían estos individuos, darían el resultado de unos comportamientos culturales que dividirían a los sexos en unos papeles muy diversos en su visión ante el mundo[9]. Por ejemplo, de una acción podemos extraer varias conclusiones, según la anatomía del ser humano; en la actividad de la caza, en tiempos prehistóricos, no se puede confirmar si era realizada en su totalidad por hombres, o si podrían haber participado mujeres. Se podría pensar que debido a que las mujeres tienen la capacidad de dar a luz a sus descendientes, tendrían más posibilidades de quedarse en el refugio para mantener la supervivencia del grupo con garantías (cuidando a sus hijos pequeños, que tendrían más dificultad para seguir el ritmo de los cazadores). Por lo tanto, se relegaría la posición de los hombres a la actividad de la caza, fortaleciendo su anatomía por los esfuerzos de esta actividad, mientras las mujeres optarían por otros oficios de menor esfuerzo físico, aparte del cuidado de los descendientes.

En complementación a lo anterior, para explicar esta evolución del ser humano hacia la diferenciación de sexos, visto desde los genes y desde la cultura, debemos preguntarnos, ¿de qué están compuestos los genes que pueda hacernos pensar en esa condición para la diferenciación de sexos? Dawkins expone la comparación de que cada gen es

---

[9] Ibid., pp. 156.

como una página de una enciclopedia, que son los cromosomas[10]. Estos últimos estarían agrupados conteniendo una clasificación de unos aportados por el padre (23) y otros aportados por la madre (23), que en total sumarían la cifra de 46. La esencia de este proceso es el ADN, que está por todo nuestro cuerpo y en nuestras células, conteniendo las instrucciones de cómo conformar el organismo. El ADN lleva a los genes donde tienen que ir, y éstos pasan de un individuo a otro y así pueden vivir miles de años, provocando una evolución continua en las diferentes especies de la Tierra.

Además, en el ámbito sexual, uno de los elementos más relevantes sería la distinción que hace Dawkins entre mitosis, división normal de las células que contienen los 46 cromosomas, y meiosis, en cuya división se separan los 46 cromosomas en 23 pares; esta última división sólo se produce en las células sexuales, que son los espermatozoides y los óvulos. Entonces, ante esta información surgiría el planteamiento de una pregunta, ¿por qué las células sexuales no siguieron la división normal con sus 46 cromosomas? Quizás la explicación pueda encontrarse en el aforismo ``la naturaleza es sabia''. Se podría plantear como hipótesis que el entrecruzamiento de cromosomas que contienen los genes a través de las células sexuales permite una gama más amplia de individuos, de entre los cuales y al contener cromosomas distintos de nuestro padre y madre, cada individuo es algo diferente al otro y así alguien podría sobrevivir a las dificultades que puedan surgir del entorno que les rodea.

Ante esta idea, cabría preguntarnos si a la hora de reproducirse los miembros de una pareja, ¿en qué grado difunden la información genética los hombres y las mujeres a sus descendientes? En cuanto a lo genético, es cierto que los progenitores otorgarían el 50% de la genética a sus sucesores, unido a que ambos estarían interesados en conseguir la mejor comodidad para sus hijos/as[11]. No sólo esta cuestión sería fundamental, sino que sería de interés señalar, si ¿esa igualdad de transmisión

---

[10] Ibid., pp. 158-159.
[11] Ibid., pp. 161-162.

de genes se traslada luego en el cuidado de sus futuros hijos e hijas? Lo que sí estaría claro es que es ventajoso que el padre y la madre colaborasen en la cría de sus descendientes, pero si uno de los miembros de la pareja destina menos tiempo y energía a la crianza de sus hijos e hijas, tendrían mayores beneficios porque habrían gastado menos cantidad de recursos propios. Esto sería así, ya que podría reproducir a otros hijos/as surgidos con otras parejas, con el fin de conseguir una mayor difusión de sus genes. Según Dawkins, habría que suponer que cada miembro de la pareja trataría de ejercer un dominio sobre el otro, para que este último consiguiera invertir más energía en la crianza de sus hijos/as.

En respuesta a lo anterior, Dawkins expone como las discrepancias entre los sexos vendrían en el momento de dar respuesta a la pregunta de ¿quién tendrá que ejercer mayor energía a la hora de criar a todos sus descendientes? Evidentemente ambos miembros querrán que haya una supervivencia de sus crías alta, pero también, buscarían el aportar una menor cantidad de recursos, con el fin de poder tener más descendientes con otras parejas[12]. La solución ante esta situación sería que uno de los dos miembros de la pareja indujera al otro a que dedicara más de lo que él o ella le correspondiera, provocando la mayor libertad de uno de los cónyuges para tener más hijos/as con otra compañía sexual. En este sentido, cabe plantearse un interrogante; ¿cuál sería el miembro de la pareja perjudicada y por qué? La estrategia mencionada sería más difícil que la llevase a cabo la hembra debido a que ella sería la que empezaría a dedicar más energía que el macho, ya que en ella recaería la concepción en primera instancia; por lo tanto, tendría más compromiso en esos instantes que el padre en cuestión. Si el hijo que está dentro de su cuerpo muriera, tendría más repercusiones negativas para la madre que es la que lo porta, que para el padre. Por tanto, en el futuro, ella tendría que invertir más energía y recursos para obtener un nuevo hijo que alcanzase el desarrollo que había tenido el anterior.

---

[12] Ibid., pp. 198-200.

Sin embargo, ante esta situación de posible abandono por parte de uno de los dos cónyuges, o como en el caso anterior, por parte del macho, ¿qué podrían hacer las hembras para evitarlo? Dawkins lo resume en dos ideas posibles, la de `` la felicidad conyugal'' y la de ``la estrategia del macho viril''. La primera idea hace referencia a como la hembra estudiaría detalladamente a los machos y trataría de saber si tiene apariencia de fiel y de colaborador en el ambiente hogareño[13]. En el caso de que las hembras fueran capaces de saber esos dos caracteres en el macho, se estarían adelantando a garantizarse un futuro prometedor en el que el macho invierta las mismas horas de crianza de los hijos/as que ella. Una de las actuaciones que llevaría a cabo la hembra para comprobar esto sería no ceder en un tiempo a mantener relaciones sexuales con el macho. En este caso, habría dos tipos de macho, uno el que no aguantaría este comportamiento de la hembra, y, por lo tanto, acabaría yéndose, sin ser el adecuado para el beneficio de ella. El segundo sería el macho que si estaría de acuerdo en esperar a mantener esa relación sexual, garantizando el compromiso futuro, ya que este tendría esa capacidad de tesón y fidelidad.

Respecto a la idea de ``la estrategia del macho viril'', Dawkins expone las hembras que utilizan este método de búsqueda del macho sería con el fin de conseguir los mejores genes, más que la consecución de la ayuda igualitaria del padre en la crianza de los descendientes[14]. Ellas podrían utilizar el físico del macho para intuir los buenos genes de este, y que los suyos propios se combinen con los mejores posibles para después tener unos hijos e hijas mejorados. Así, las crías tendrían en un futuro mayores posibilidades de conseguir relacionarse con hembras y machos respectivos, ya que podrían tener mejores apariencias y así predominarían sus genes en el conjunto de la especie futura. Según Dawkins, las hembras tendrían una mayor tendencia a ser más rigurosas en la elección de la pareja que los machos. Esto se debería a que la hembra

---

[13] Ibid., pp. 203.
[14] Ibid., pp. 217.

16

invertiría mucha más energía en el desarrollo y en la crianza de los hijos/as, como ya mencioné, por lo que tendría que ser inteligente a la hora de elegir el macho con el que compartir esa tarea.

Hasta este punto uno de los elementos más importantes han sido los genes y como éstos habrían ejercido su influencia sobre el comportamiento por el que se rige el ser humano desde sus orígenes hasta nuestros días. Sin embargo, hay otro elemento fundamental que se complementaría con el anterior, como sería la cultura; este actuaría como elemento definidor de actitudes y pensamientos de las personas[15]. Dentro del término cultura se podrían englobar los diferentes caracteres que forman parte de una sociedad, como podrían ser su lenguaje, su vestimenta, su religión, su moneda para comprar y vender productos, el arte (escultura, pintura y escultura), la legislación…etc. Según Dawkins, la cultura serviría como nuevo replicador, que contribuiría a difundir de generación en generación los diferentes conocimientos sobre las tradiciones, formas de vida, de pensamiento, de lo artístico…etc. Este autor utiliza la palabra ``Mimeme'' que procede del griego ``mimema'' que significa ``que es copiado'', pero él cambia esta palabra de forma personal, reduciéndola a ``meme''[16]. El significado de esta palabra aludiría a las ideas, modas a la hora de realizar las actividades de una sociedad, formas de comportamiento imitándose entre individuos.

Estas actividades son realizadas en un proceso evolutivo muy largo, de millones de años, pero ¿por qué se han seguido manteniendo hasta épocas muy posteriores? Esto podría ser respondido con un ejemplo particular, como es en el Antiguo Egipto, donde nos encontramos con una sociedad compleja en al que la biología ya ha formado cuerpos claramente diferenciados entre hombres y mujeres, que a su vez han construido una cultura también compleja y que, por tanto, la naturaleza y la cultura se han interaccionado hasta un nivel que resulta muy complicado diferenciar quién influye en quién en mayor medida. Sin

---

[15] Ibid., 219-221.
[16] Ibid., 229-230.

embargo, sí nos aclara que en una de las sociedades más remotas la diferenciación por sexos ya está definida biológica y culturalmente. Resulta curioso, observar cómo ya desde esta antigüedad la cultura aparece con un mayor predominio y, casi como causa principal de la diferenciación social de los sexos. Se hace muy difícil apreciar las facilidades que la evolución biológica del ser humano ha dado para conformar unos cuerpos capaces de asumir la resolución de problemas para seguir viviendo con mayor eficacia. Pero la historia nos muestra cómo la biología humana ha sufrido trasformaciones y que la cultura también. Y lo que es aún más evidente, que, en la diferenciación social de los sexos, parece que siempre hay uno, la mujer, que ha sido relegada a un plano cultural. Aunque en el Egipto Antiguo podemos ver casos de mujeres relevantes, como ya se podrá ver más adelante.

Los antiguos egipcios tenían unas creencias religiosas determinadas, construían pirámides para sus faraones con el fin de ser enterrados el día de su muerte para viajar hacia el Más Allá. Además, tenían sus creían en diversas divinidades lo que provocaba una sumisión hacia estas, realizando los actos ceremoniales correspondientes para contentar a sus superiores. Este tipo de actitudes serían reproducidas por las siguientes generaciones, con el fin de perpetuar una serie de parámetros culturales que mantienen el buen funcionamiento de la sociedad egipcia[17]. Por lo tanto, eran comportamientos aceptados por todos los miembros de esa sociedad, todas las personas estarían incluidas en ese sistema cultural, adoptando una actitud inclusiva dentro de la misma. En el caso de no incluirte dentro de esa sociedad, ya sea porque no estás de acuerdo con sus actividades comunales, o porque no te apetezca, empiezas a ser un marginado social, y ``carne de cañón´´ ante cualquier crítica, e incluso indefensión ante persecuciones para sacar de ti el máximo beneficio; por lo tanto, o te unes a la masa de la cultura junto al resto de población egipcia, o te quedas fuera de ese régimen cultural[18].

---

[17] Ibid., 270.
[18] Ibid., 272.

En el caso de la cultura no es tan fácil la situación, porque toda la gente que pertenece a ella está sometida a unos cánones, ya sea de belleza, de vestimenta, lenguaje, gestualidad, de relación social, de pensamiento...etc.[19]. De esta forma, se aprecia un sometimiento silencioso por parte de ``la diosa'' cultura que oculta su rostro en estas acciones humanas tan simples, pero eficaces para distribuir unas reglas sociales que determinan la actitud del ser humano ante el mundo. Por lo tanto, habría que replantearse si los genes como replicadores son más sanos, y con su acción involuntaria consiguen en mayor grado el bien del conjunto de la sociedad, y si la cultura transmite unos conocimientos que solo les interesa a unos pocos, y, por lo tanto, no representa el bien del conjunto, sino el bien del particular. Por lo tanto, expongo que la cultura y los genes son dos motores de una misma maquinaria, que ambos se alimentan del combustible del otro para seguir funcionando. Ambos proporcionan unos ingredientes al vehículo llamado sociedad que le permite rodar sin frenos, sin importarles qué o quién aparezca por delante, porque su objetivo común es la evolución de la propia máquina, con destino al infinito evolutivo. Así, se podría evidenciar que la cultura y los genes son dos elementos que se complementan y ofrecen diferentes caracteres esenciales para el desarrollo y la supervivencia de la especie humana[20].

---

[19] Ibid., 278-279.
[20] Ibid., 282.

2. LA SOCIEDAD EN EL ANTIGUO EGIPTO

En este apartado de la sociedad en el Antiguo Egipto, habría habido una colaboración de los sexos, como una estrategia entre este grupo de humanos, produciendo una clara definición de la división laboral entre los egipcios. Esta idea se podría haber articulado a partir de la percepción de costes y beneficios en la sociedad egipcia o como resultado de la consecución del poder de los cazadores-guerreros que predominan sobre las mujeres. De esta manera, cabría resaltar la pregunta de ¿por qué en Egipto nos encontramos a hombres dirigiendo la sociedad? ¿existen desequilibrios entre hombres y mujeres respecto a la colaboración social? Para responder a la primera pregunta habría que indagar en las fuentes que se nos habrían conservado hasta la actualidad de la época del antiguo Egipto, para darnos cuenta de que hubo diferencias entre hombres y mujeres de ese momento histórico.

Esto sería evidente como se aprecia en que la mayoría de información que se tienen de altos cargos del Egipto Antiguo son faraones, funcionarios, sacerdotes, escribanos…etc, en general, hombres. También es cierto que hay historias sobre mujeres poderosas como fue el caso de Hatshepsut, Nefertari, Nefertiti, Cleopatra VII…etc. La mayoría de las mujeres de las que nos han llegado datos hasta nuestros días, forman parte del estrato social más alto de la sociedad egipcia; es decir, están en lo más alto de la pirámide social. Esto nos hace pensar que no todos los habitantes de Egipto tendrían las mismas oportunidades de acción, de evolucionar como persona en torno a diferentes oficios..., sino que habría probablemente una división sexual de los trabajos. Esto provocaría la relegación de la mujer a un segundo plano, en el que no tendrían apenas oportunidades para hacerse notar dentro de la sociedad.

En cambio, los hombres tendrían una posición situada, generalmente, en los estratos más altos de la sociedad, o, mejor dicho, tendrían mayores posibilidades de acceso a los mismos. Esto podría ser posible por una evolución pedagógica como ya hablamos en el apartado anterior, donde el fenómeno de la cultura obligaría a lo biológico a dividirse según las preferencias, probablemente de unos pocos. Es decir, que habría quienes les interesaría tener a un grupo de personas relegadas a realizar trabajos más ocultos a ojos de la sociedad como podrían ser las labores domésticas, pero que, sin duda, han sido una de las actividades más sacrificadoras del sexo femenino.

De esta manera, cabe preguntarnos, ¿cómo ha sobrevivido este sistema de repartición de oficios en el Antiguo Egipto? No sólo se ha mantenido en este lugar, sino que es algo establecido en el tiempo en la mayoría de las sociedades del planeta. Pero, para responder a la pregunta anterior, solo hace falta reflexionar en la sociedad actual del tercer milenio y los intereses para la permanencia de esta clasificación. Aunque sigue habiendo residuos de esta división sexual del trabajo, aparte de que en algunos puntos de la sociedad no está ni planteado el que se elimine esta clasificación, es cierto que la historia ha evolucionado, y cada vez más hombres toman partido en la colaboración de las tareas domésticas, así como un reparto igualitario de los cuidados de los hijos e hijas, y un similar equilibrio entre el sacrificio en el cuidado del hogar. La palabra que define a esta nueva situación es colaboración, ya que los dos sexos tienen que poner cada uno de su "granito de arena" para construir un buen hogar, en el que ambos inviertan unos recursos similares, tanto para su evolución como para su mantenimiento.

Todo lo comentado anteriormente, nos ayudaría a ver cómo ha habido una evolución en la cultura principalmente, ya que lo biológico, ha variado, pero podría no haber condicionado a lo cultural de la misma manera. Ha sido el cambio de mentalidades, el avance en medicina, ciencia, historia, economía…, lo que ha provocado un avance social de las mujeres, para ponerse al mismo nivel que los hombres. Una reflexión que considero oportuna de compartir es que, de igual manera, que ha habido una serie de factores que han provocado la caída del patriarcado en algunos puntos del planeta paulatinamente, también hay factores que no han permitido un gran avance en su deterioro. Estos factores podrían ser las mentalidades conservadoras, muchas de hombres, pero, también hay algunas mujeres sumergidas en el "océano" del sometimiento cultural hacia el hombre, por lo que, desgraciadamente no verían más allá de la servidumbre hacia su ``amo´´.

Es fundamental añadir, que la religión es uno de los elementos que más ha provocado esa represión social de las mujeres, como sucede en el cristianismo, dejándola en un papel secundario, a través del mito de la Creación. Sin desviarme mucho del tema a tratar, solo quería resaltar que la religión, en este caso la cristiana, habría sido uno de los factores condicionantes de la situación de división de oficios según el sexo. Por lo tanto, es una formación cultural que consiguió funcionar hace mucho tiempo, pero con los nuevos patrones de cambio social, se puede decir que la religión como elemento cultural opresivo, ha perdido su hegemónico poder en el mundo, para dejar paso, a una situación más igualitaria entre hombres y mujeres. Es decir, habría una balanza entre religión, por un lado, que disminuye en importancia, y equilibrio de género donde las mujeres y los hombres ascienden por el camino de la igualdad de derechos.

2.1. Pirámide social

Siguiendo la línea de trabajo, en el caso del Egipto Antiguo, si es cierto que el área, donde hay más figuras masculinas y femeninas igualitarias, podría ser el religioso paradójicamente. Esto sería así, por la infinidad de deidades de ambos géneros que hay en el panteón egipcio, aparte de que tienen ambos sexos la misma importancia en cuanto a rituales, ofrendas, ceremonias y/o creencias religiosas. Aun así, aunque esta parte de las ideas abstractas de la religión representa a los hombres y mujeres al mismo nivel, en el ámbito del oficio religioso probablemente no todo sería así. Lo veremos en el apartado de religión de este trabajo, pero puedo adelantar que no existiría la misma importancia entre sacerdotes y sacerdotisas, quedándose los primeros por encima de las segundas, tanto en oportunidades como en poder.

Por lo tanto, siguiendo las reflexiones anteriores cabe cuestionarse, ¿por qué podrían no haber existido las mismas oportunidades sociales entre mujeres y hombres en el Egipto Antiguo? Para responder a esta pregunta he decidido analizar desde la base de la pirámide social, hasta llegar a su cúspide. Por lo tanto, en primer lugar, en su base se encuentran acerca los esclavos como una clase social egipcia menospreciada, sin propiedades, sin derechos como el resto, y como es obvio, sin ningún reconocimiento por parte de la comunidad. Junto a ellos estarían los sirvientes, y ambos grupos realizarían una serie de trabajos materiales, a cambio de muy pocos beneficios económicos. Es cierto que debido a la poca información que ha trascendido hasta la actualidad sobre los esclavos, no es fácil realizar una diferenciación de sexos en este sentido. Es decir, que probablemente tanto hombres como mujeres fueran designados por igual a la condición de esclavos, pero podría haber habido una diferenciación de tareas según su sexo.

Los esclavos eran señalados como ``cosas individuales'', mientras que en el caso de los servidores estos si eran reconocidos como personas y serían aceptados de buena manera para pertenecer a una familia. Es cierto, que al revisar varios autores la información acerca de los esclavos suele referirse como un elemento masculino, o que engloba a los dos sexos, pero con terminología que parece aludir a que solo es uno de los dos y no ambos. Pero en el caso de la autora Andra Paula Zingarelli en su libro ``La Esclavitud en el Egipto del Imperio'' podemos observar como realiza una profundización en el marco de la esclavitud femenina[21]. Según esta autora, las mujeres esclavas serían, en parte, destinadas a las ``casas de esclavas'' que serían estancias de templos. En estos habi-

---

[21] A. Paula Zingarelli: *La Esclavitud en el Egipto del Imperio*, Sevilla, Ediciones ASADE, 2004, pp 16.

táculos las esclavas podrían haberse utilizado como elementos de prestigio, ya que eran vistas como seres bellos, como si de un trofeo se tratase. Además, el interés en las esclavas también recaía en que se pueden reproducir y en sus hijos podría recaer ``en herencia´´ esa condición de esclavo, por lo que sería beneficioso para el Estado, contribuyendo a tener más mano de obra[22].

En el caso de que se quedasen en el templo ellas recibirían protección a cambio de que su descendencia quedase fijada a su mismo estatus social. Es cierto, que en el caso de los hombres tal vez fueran destinados más a la construcción de pirámides, templos…etc., trabajos forzosos. Mientras que, a las mujeres, se las podría destinar a tareas domésticas, realizando actividades tal vez menos forzosas si lo comparamos con el hombre. Por lo tanto, habría habido una diferenciación de sexos en el ámbito de la esclavitud según los intereses de los faraones y funcionarios que serían los encargados de distribuir estas tareas. Las mujeres esclavas podrían ser vistas, en algunas ocasiones, como sistemas de producción de humanos, aparte de para hacer tareas complementarias[23]. Por lo tanto, en este caso lo biológico condicionaría a la hora de decidir esta clasificación del trabajo, mientras que culturalmente, en Egipto, sería algo aceptado por la sociedad, y hasta verlo como algo ``normal´´. Es decir, en ambos casos, los dos sexos tienen una situación humana reducida a la cosificación, y, por lo tanto, sin ninguna capacidad de libertad, ni de salir de esa trampa de roles culturales.

Como último apunte a esta clase social, sería de interés añadir que, habría documentación donde se recogerían algunas actividades desempeñadas por las mujeres esclavas. Esta fuente sería la lista de repartición del grano de Deir El-Medina, donde se explica cómo eran propiedad del faraón, y se dedicaban a moler el grano aparte de otras actividades domésticas; habría esclavas que se comprarían y se venderían según los intereses de los compradores. En este sentido destaca que estas mujeres

---

[22] Ibid., pp. 22.
[23] Ibid., pp. 42.

podrían ser vistas como objetos de cambio, ya que a veces iban acompañadas de la exportación de piedras preciosas como el oro y la plata, u otros elementos como sillas de ébano[24]. Por lo tanto, los rasgos más destacados de estas personas estarían basados en su poder reproductivo como una vía de la continuación de la esclavitud egipcia, y como un objeto para los intercambios económicos. Esto es importante, ya que el hombre esclavo podría no tener estas connotaciones sexuales, aunque tal vez sí económicas.

De una manera más breve, haré referencia a un grupo que estaría a un nivel similar que las personas esclavas en Egipto, y serían los siervos y siervas. Según el autor Benedicto Cuervo Álvarez, a diferencia que tendrían con respecto al anterior grupo podría ser que estas últimas tendrían que desempeñar labores en torno al ámbito agrícola; en el caso de las personas esclavas, tendrían que realizar más tareas del ámbito doméstico, o construcción de edificaciones.[25] Es decir, los que tenían el oficio de la agricultura podrían tener la consideración de siervo, estando vinculado a un territorio concreto y a un trabajo constante. En este grupo sería complicado realizar una diferenciación cultural en cuanto a sus características laborales. Al buscar en diferentes fuentes, es cierto que no he hallado diferenciaciones entre mujeres y hombres, por lo que tal vez no las hubiera si no ha quedado constancia de ellas.

Sin embargo, destacaría el Artículo de Davinia Albalat de ``La mujer en el antiguo Egipto'', donde señala aclaraciones sobre las campesinas concretamente: hace referencia a que hay existencia de arte en algunas capillas de templos, donde hay representaciones de mujeres trayendo la comida y bebidas a los hombres mientras estos trabajaban la tierra; pero estas no segarían[26]. Es posible, que, si esas pinturas estuvieran en un lugar sagrado, vinculado directamente con la religión egipcia, estuviera

---

[24] Ibid., pp. 44.

[25] B. Cuervo Álvarez: ``La Sociedad en el Egipto de los Faraones'', Historia Digital, XVII, Nº 29, 2017, pp 159-161.

[26] D. Albalt: ``La Mujer en el Antiguo Egipto'', Universitat Jaume, Jornadas de Foment de la Investigación, pp. 279.

influido por los ideales que tuvieran los sacerdotes del momento. Así, reflejarían matices sobre la consideración de las mujeres en el trabajo del campesinado, algo que no tendría un concepto peyorativo en el sexo masculino. Esto sería así, ya sea porque no las consideraban capaces y a ellos sí, o porque si se destinaban a esas labores agrícolas, no se destinarían a otras tareas a las que se las quería encomendar culturalmente.

Ascendiendo en la pirámide social del Antiguo Egipto, es el turno de la clase de los artesanos y de las artesanas; este grupo se dedicaría a elaborar con su habilidad manual una serie de objetos como podrían ser las vajillas del hogar, esculturas de diferentes características, ya sea de bulto redondo, de bajo relieve…etc. Estas gentes tendrían dos tipos de talleres en torno a su oficio; por un lado, los talleres oficiales, que son los que estarían situados cerca de los palacios y templos, además de donde se adquiere formación de elevada categoría[27]. Por otro lado, estarían los talleres privados que son los que se dedican a la producción destinada a unos clientes que no tienen ninguna relación con el poder civil o religioso.

Este trabajo era frecuentemente hereditario, aunque no se sabría si tanto en el caso de artesanos y artesanas por igual o era inclinado más a uno de los dos sexos. Además, en algunos poblados se construyeron algunas factorías, frecuentemente financiadas por la clase de nobles egipcios. Estas podrían ser oficios como el de panadero, cervecero, carpintero…etc. Aunque, el autor Benedicto Cuervo en su artículo de revista llamado ``La Sociedad en el Egipto de los Faraones'' logra aclarar que en estas fábricas había una plantilla cubierta siempre por hombres. Es interesante saber este dato, ya que a priori, no se establece que haya diferenciación entre hombres y mujeres dentro del mismo oficio, sin embargo, parecería que sí la hay.

Debido a la escasez de fuentes, es más complicado saber la actividad económica de la artesanía en el Egipto Antiguo, que, en una época Moderna, o ya sin contar la Contemporánea. Los datos son más difusos

---

[27] B. Cuervo Álvarez, ``La Sociedad en el Egipto de los Faraones'', *Op. cit.,* 164-167.

en épocas antiguas, pero cabe suponer, que, de igual manera, que en el ámbito de la esclavitud hay una diferenciación entre hombres y mujeres según los intereses de los altos cargos, también la podría haber en este campo. Además, podría ser lógico pensar, que por la cultura como condicionante del comportamiento humano en esta sociedad, podría hacer ver a un género humano bueno ante un oficio y malo ante otro.

Por encima de todos los anteriores escalones sociales, estarían la clase de los comerciantes y mercaderes, los cuales eran un grupo de personas que se dedicarían a comprar y vender diferentes productos[28]. Estos podrían ser cereales, hortalizas, fruta, vino, que eran productos más cotidianos, y otros productos más caros procedentes de Palestina que irían destinados a al faraón y a su familia, y a la clase de nobles egipcios. Este grupo podría desempeñar su trabajo en establecimientos propios, pero también estaría la posibilidad de que realizaran intercambios comerciales en las plazas del mercado en las tiendas en el ámbito urbano. Es cierto, que, en el caso del comercio interior de Egipto, este tenía poco desarrollo debido al sistema económico propiamente egipcio. Esto último se debería a que la población recibiría los productos básicos del Estado en tributo de sus servicios y oficios.

Dentro de Egipto, los comerciantes se trasladaban en barco o en caravanas, con el objetivo de vender una serie de productos como el incienso, esmeraldas, ébano y marfil. Además, había un comercio que iba más allá de las fronteras locales, el cual estaría destinado para unos mercaderes que primaban las necesidades de la familia real o para los grandes templos. En este sentido destacarían los intercambios comerciales con el extranjero, destacando la explotación de las minas del Sinaí o de Nubia, con productos como el cobre y el oro.

En este aspecto del comercio egipcio, quería destacar un fragmento del autor B. Cuervo donde hace referencia al reinado ``del faraón Hatshepsut´´, donde se traían incienso y mirra para el culto de esta persona-

---

[28] Ibid., pp. 170-172.

je y divinidades[29]. Es cierto que ya es tardía la existencia de Hatshepsut para el periodo de mi trabajo, pero, considero de interés señalar este aspecto. La reina Hatshepsut era una mujer, y según la autora Lourdes Molinero ella misma se autodenominó rey de Egipto, o faraón, por lo que se asignaba una connotación masculina del poder[30]. También mandaría realizar retratos en relieves donde se la representaría con ropajes masculinos propios de los hombres faraones. Incluso, ella tendría por objetivo el difundir la idea de que la divinidad Amon la habría creado y después la habría concedido la condición para ser rey de Egipto[31]. Tal vez se podría pensar que, ella era consciente de las limitaciones que se les imponía culturalmente a las mujeres en Egipto, teniendo más dificultades de gobernar. Podría ser una forma de legitimar su gobierno, gracias a la connotación de ser ``hombre´´, representándose en los monumentos públicos con rasgos de hombre egipcio. Por lo tanto, se mostraría como una forma de luchar contra su propia cultura, consiguiendo su objetivo que sería ascender al trono, y así saltarse la norma social de que lo bien visto es que gobierne un faraón; aunque al final se denomine con este término y no con el de faraona.

Para finalizar con esta clase social, revisando las diferentes fuentes para la realización de este trabajo, no han arrojado luz a una diferenciación entre hombres y mujeres en esta clase social[32]. Es cierto, que podemos hacer conjeturas sobre si un sexo u otro, debido a la cultura egipcia, tuvo más posibilidades de acción en ese campo u otra. Al no haber una separación clara, cabría suponer, que no había diferencias de acceso a este oficio, según el sexo del trabajador/a. Sin embargo, si en anteriores casos, como las esclavas/os y siervos/as eran destinadas, en ocasiones, a otro ámbito, es posible que las mujeres egipcias no tuvieran

---

[29] Ibid., pp. 175.

[30] L. Molinero: ``Liderazgo en Femenino: Hatshepsut, el faraón mujer´´, Revista Agathos Nº 243, pp. 98-100.

[31] T. Bedman et F. J. Martín: ``Hatshepsut de Reina a Faraón de Egipto´´, pp. 79.

[32] B. Cuervo Álvarez, ``La Sociedad en el Egipto de los Faraones´´, *Op. cit.,* pp. 178-179.

esa posibilidad de relaciones sociales a través del comercio, mientras que los hombres tal vez sí las tuvieran; podría ser una manera de controlar a las mujeres en un ámbito de la comunidad, en el que ``no den problemas´´ a ojos de los altos cargos de esta.

La siguiente clase social es la de los escribas, los cuales darían un apoyo a los que estaban por encima de ellos como eran los nobles. Estas personas sabrían leer, escribir, tenían conocimientos de cálculo…, para lo que tenían que formarse durante un periodo de 5 años[33]. Por lo tanto, dentro de la sociedad gozaban de gran consideración, actuando con la función de secretarios del propio faraón. Además, tenían otras funciones como la de dirigir la administración del país, vigilar el buen funcionamiento de las construcciones y recaudar los tributos. Principalmente, estas personas serían destinadas a la obligación de hacer funcionar correctamente el Estado egipcio, transcribían las órdenes y controlaban las actividades del ámbito económico.

Según el autor B. Cuervo los escribas solían provenir de una clase social baja, pero se caracterizaban por poseer una buena inteligencia, además, de ser educados. Estos personajes tendrían una serie de discípulos que podrían ser sus propios hijos, o los de un familiar, enseñándoles a leer y escribir. En este sentido, se podrían destacar varias personas de este oficio de ambos sexos; en el caso de los hombres, destacaría el escriba Jupuiu, el cual pertenece a la dinastía V. Este tendría otro oficio importante a la vez que el de escriba, como sería el de ministro de los asuntos del rey; también sería el que se encargaba de organizar los documentos del faraón y de dirigir a los demás escribas. Por otro lado, la autora Davinia Albalat, nos aclara como las mujeres desempeñarían puestos de escriba, exceptuando en el Imperio Nuevo, donde era un oficio realizado por hombres. Una de las escribas más destacadas sería Nebet, que fue una visir perteneciente a la dinastía VI.

Es cierto que esta situación no sería la habitual según D. Albalat, es decir, que este cargo con gran responsabilidad dentro del Estado egipcio

---

[33] Ibid., pp. 183.

no sería normal que lo realizase una mujer. Habría que preguntarse, ¿por qué las mujeres tenían menos accesos a este tipo de oficios? Es posible que la razón recayera en que ellas fueran destinadas a unos oficios concretos como son las plañideras, músicas, bailarinas, sirvientas, comadronas…etc. Estos son oficios importantes, pero son en algunos casos menos visibles, o gozan de menor consideración frente a la sociedad[34]. Por lo tanto, recaerían en los hombres las tareas de mayor prestigio social como pueden ser la de faraón, sacerdote, escriba…etc. Además, seguramente que esta división de oficios es debido a la diferencia sexual, desde el punto de vista biológico, y esto repercuta en este reparto peculiar de las actividades económicas. De esta manera, se crean unos parámetros culturales, que, en su caso, funcionarían grosso modo, porque si no, no lo hubieran mantenido y los habrían transformado.

El siguiente escalón de la pirámide social de Egipto sería uno de los considerados más importantes dentro de la misma, además del prestigio que tienen y poderes sagrados: son los sacerdotes y sacerdotisas. Los faraones relegarían sus poderes en estas personas para que pudieran ser representantes de estos en la celebración de ceremonias en los templos egipcios. Los sacerdotes se caracterizarían por poseer una gran sabiduría, cuyas funciones se centrarían en la administración de los templos y atender a las deidades para descifrar sus peticiones y, después, cumplirlas. Además, estos no podrían tener relaciones sexuales en momentos en los que desempeñasen su oficio sagrado. En este oficio existiría un mecanismo de rotación por turnos, por lo que cada uno ejercía el oficio sagrado durante un mes, y en total 3 veces anualmente.

Según B. Cuervo, las sacerdotisas tendrían el mismo sistema de rotación de turnos que los sacerdotes. En ocasiones, estas serían las esposas de los propios sacerdotes del Estado, cabiendo la posibilidad que los hijos/as de la unión de ambas partes desempeñara ese oficio en el futuro. Además, destaca que las mujeres podrían realizar actividades relacionadas con la música con el nombre de ``hesit´´, con el canto con

---

[34] D. Albalat, ``La Mujer en el Antiguo Egipto´´, *Op. cit.,* pp. 280.

el nombre de ``chemait'' y con el baile con el nombre de ``jebait''. Es importante apreciar como las sacerdotisas podrían tener esa posibilidad de acceder al cargo sacerdotal, con el factor de unirse en matrimonio con un sacerdote. Es decir, que este oficio lo realizarían las mujeres gracias a que los hombres gozan del privilegio de trabajar como sacerdotes[35]. De esta manera, se les da prestigio social a los hombres, y ellas ascienden a esa consideración, en cierta medida, gracias a la figura del hombre. B. Cuervo coincide con Davinia Albalat en que estas mujeres estarían al servicio de varias divinidades como Amón y Hathor. La segunda autora expone, también que, estas sacerdotisas podrían adquirir la categoría de mujeres sagradas, consiguiendo así una situación privilegiada dentro de la sociedad egipcia.

Además, según B. Cuervo, los sacerdotes se dedicarían a la educación de los príncipes, nobles y demás funcionarios del Estado egipcio. Para ejercer esta función, ellos tendrían que prepararse en su juventud en unas escuelas conectadas a la administración del palacio o el templo, donde se realizaban labores de copia de libros. Por ejemplo, en la ciudad de Tebas, consta la existencia de dos escuelas fundamentales; una estaría en el Templo de Mut y otra en el Templo de Rammeseum. Las asignaturas impartidas por estos sacerdotes sería la de la escritura, la enseñanza del dibujo con la pluma, la geografía, matemáticas, gramática, redacción de textos sagrados, aprendizaje de diferentes lenguas extranjeras, nociones económicas sobre el comercio y la diplomacia… etc. Lo curioso de todo es que estas actividades serían desempeñadas por sacerdotes y no por sacerdotisas, por lo menos, es lo que percibo de la información analizada. Por lo tanto, es posible, que a las mujeres no se las viera capaces de educar a los jóvenes egipcios, relegándola a espacios en los que pudiera realizar oficios que sean ``aptos'' para su sexo.

El siguiente escalón social sería el de la nobleza, la cual estaría formada por los familiares del faraón, por los funcionarios de alto rango y los señores propietarios de grandes latifundios. En este aspecto, destacaría

---

[35] Ibid., 184-185.

el cargo del visir considerándole como un ``juez supremo´´, el cual desempeñaría la función de administrador central, además, de ocuparse de caracteres de justicia, del tesoro real y de la actividad agraria. En complemento, este sería considerado como el mayor dirigente político egipcio, cuyo poder era superado por el del faraón.

En esta época del Imperio Antiguo (2686-2173 a.C.), esta clase de nobles, donde están los funcionarios, tendrían una educación exhaustiva en la corte, además de tener a su disposición una casa real[36]. Un dato fundamental sería que este cargo de visir podría ser heredado de padres a hijos, y no se especifica que pueda trasladarse a las hijas. Por lo tanto, este oficio no considero que fuera casi posible que lo desempeñaran personajes femeninos, ya que, cada vez que nos acercamos a un escalón social más alto, se aprecia una disminución en la proporción de mujeres en cada peldaño.

También destaca el cargo del funcionario llamado nomarca, el cual se encargaría de dirigir la administración de las provincias en las que se dividía el Estado egipcio. Esta persona sería la encargada del control de las vías del control del agua, de la actividad agraria, e incluso de cobrar los impuestos y de gestionar la organización de los almacenes y graneros para la conservación de la cosecha. Incluso estos nomarcas dirigían la administración de las propiedades que pertenecían al ámbito de la casta sacerdotal, que consistían en alimentos en sentido de ofrendas y objetos destinados al culto de divinidades. Como sería lógico pensar, en este oficio tampoco se resalta la inclusión de las mujeres en su desempeño, probablemente, no solo porque se la pudiera considerar incapaz de realizarlos, sino porque se considerase mejor que se dedicasen a otros oficios.

En último lugar, en la punta de la pirámide social egipcia, estaría el personaje considerado más importante como sería el faraón. Éste sería la figura más alta dentro de Egipto, el cual gozaría de la plenitud del prestigio y consideración de sus súbditos. Durante las primeras dinastías del

---

[36] Ibid., 187-188.

Antiguo Egipto, los faraones eran considerados como criaturas divinas, identificándose con el dios Horus. En el momento en el que morían los faraones serían integrados a la figura del dios Osiris, adquiriendo el carácter de la inmortalidad, a través de la veneración en los templos. Este era considerado como un ser divino capaz de mantener la estabilidad del universo o Maat, aparte de sostener la unión del Alto y Bajo Egipto.

El faraón tendría la capacidad de mandar al ejército a realizar diferentes campañas militares, fijar los tributos que los súbditos tendrían que pagar, juzgaba a los delincuentes y aseguraba la protección y mantenimiento de los templos. Destaca el ejemplo de Ramsés III donde se ve de relieve que establecería dos tribunales de justicia, uno dedicado a juzgar a los altos funcionarios y otro a los bajos. Así, se consideraba al faraón la figura que impartía justicia divina dentro del conjunto social, por lo que tendría la verdadera justicia dentro de su sabiduría divina. Pronto empieza a entrar la mujer en escena alrededor del papel principal de faraón, y es debido a que este necesitaría asegurarse la herencia de su poder en sus hijos. Por lo tanto, él necesitaría la ayuda de una mujer, o en este caso, varias mujeres o esposas, con el fin de reproducirse para su marido y conseguir legitimar su dinastía durante el mayor tiempo posible. De todas sus esposas, solo una era la privilegiada para recibir el estatus de reina, consagrándose con el nombre de ``Gran Esposa Real''; pero, probablemente al resto les compensase seguir en el círculo cercano del faraón, ya que gozarían de privilegios que, por ejemplo, las campesinas o esclavas, no tendrían.

En el caso de que su esposa muriera, el faraón solo tendría que escoger a otra de las que dispone a su antojo, relegando el papel de la mujer a mero objeto reproductor. No podríamos decir que no sintieran sentimientos amorosos verdaderos por sus esposas principales, porque habrá diferentes casos. Si sería importante de incidir en que esas mujeres podrían ser aceptadas culturalmente como las mujeres del faraón, y a nivel social, estarían muy bien vistas; pero en el ámbito familiar, tal vez su figura queda reducida a la idea de ``una mujer más'' y no ``la mujer única''.

Por último, es interesante destacar como la sucesión del faraón sería destinada al primer hijo; en el caso de que no hubiera, sería sucedido por su hermano, o por algún familiar cercano[37]. Es cierto que podría haber faraonas en el caso de que el hijo tuviera una edad prematura, por lo que ella asumiría el cargo como regenta. De esta manera, ella podría desempeñar la posición de faraona; pero no sería una victoria plena, ya que, por lo que se ve, en general, ellas serían la última opción. Las mujeres podrían ser faraonas y desempeñar este oficio de la misma forma que lo podría hacer un faraón, otra cosa es que tuvieran más adversidades en su mandato que los hombres. Por ejemplo, destacan faraonas egipcias como Hatshepsut, mencionada anteriormente, la cual tuvo que ponerse el nombre de faraón, asignándose un término de hombre para, probablemente, gozar de mayor consideración. Por otro lado, Cleopatra VII, llevaría a cabo altibajos familiares con su padre y hermanos, además de los conflictos con Octavio Agusto.

En el caso de Cleopatra VII, podría decirse que ella tuvo una oposición fuerte por parte de los consejeros de su hermano Ptolomeo XIII, seguramente por el hecho de ser mujer[38]. A pesar de ello, ella se caracterizó por mantenerse, con un parón, en su trono, hasta que una serie de circunstancias llevaron a su muerte prematura. Es curioso como esta última faraona de la dinastía de los ptolomeos, en muchas ocasiones es asociada a su padre Ptolomeo XII, o a sus amores Julio César o Marco Antonio; o incluso su enemigo Octavio Augusto. La reflexión que surge de este ejemplo es que a ella se la vincula en la mayoría de las veces con la figura de un hombre, como si no fuera capaz de brillar por ella misma. Parecería como que el faraón si goza de autoridad y prestigio y nadie podría cuestionarlo, pero en el caso de ser una faraona si se pondría en duda su legitimidad para actuar como una figura poderosa e inteligente en el gobierno del conjunto de la sociedad.

---

[37] Ibid., pp. 190-191.
[38] D. W. Roller: Cleopatra. Biografía de una Reina, pp. 2-3.

2.2. La Familia

En el ámbito familiar, según la autora Davinia Albalat, analiza la situación de la mujer y del hombre en el matrimonio[39]. En el caso de las mujeres, estas podrían elegir al esposo con el que querían destinar esa unión, aunque estarían influidas directamente en la elección de este por la aprobación de su padre y de su madre. En torno a la unidad familiar, lo idílico sería el formato de una pareja de hombre y mujer con sus hijos e hijas, e incluso, con la prevalencia de tener un mayor número de hijos. Esto último se debería a la tasa de mortalidad infantil, que en el Antiguo Egipto se caracterizó por ser alta, sobre todo, debido a la muerte de niños y niñas en los partos; para evitar que se dieran estas situaciones se recurría a la utilización de los anticonceptivos y así prevenir el embarazo poco tiempo después.

En el caso de la mujer en el ámbito doméstico, sería nombrada con el término ``Nebt-Het´´, que significa ``La Dorada´´, refiriéndose a la nobleza, siendo calificada como la ``Señora de la Casa´´. D. Albalat expone como no habría referencias en torno a la figura del hombre como ``el señor de la casa´´, por lo tanto, cabe suponer, que las mujeres predominarían en las actividades domésticas. Así se establecerían en el núcleo familiar, en la casa, una diferencia de oficios, según el sexo de la persona. Como característica fundamental cabe destacar que las mujeres no perderían su nombre, como si podría ocurrir en otras culturas, poseyendo cierta consideración; ya que, si una persona no tiene nombre, o se le quita, se le está disminuyendo en el significado de su existencia, se le quita el reconocimiento social. Además, cuando se casaban, las mujeres obtenían el estatus de ``nbt pr´´ que hace referencia a la función de ser administradora de los bienes y propiedades pertenecientes del núcleo familiar, incluyendo que eran las que organizaban todas las tareas del interior del hogar.

---

[39] D. Albalt: ``La Mujer en el Antiguo Egipto´´, Universitat Jaume, Jornadas de Foment de la Investigación, pp. 276-277.

La unión entre los das dos personas no iba vinculada de una celebración como podríamos entender actualmente, aunque si tenían la característica de firmar un contrato privado en el que se podrían determinar qué propiedades y bienes le correspondían a cada persona del matrimonio. ``La celebración´´ se realizaba en familia ya que se le daba una connotación privada, que comenzaba en el momento en el que ambas personas del matrimonio se iban a vivir juntas a una casa. La edad que tenían establecida para poder casarse ambos sexos sería la de entre 12 y 14 años para las mujeres, y la de 17 años para ellos. La edad legítima para casarse las mujeres sería a partir del momento en el que ella es fértil para poder concebir un hijo o una hija. Por lo tanto, se establece esa norma social para ambos, pero el objetivo es que ella sea productiva, y que él tenga formación en los aspectos que reciba; es decir, algo biológico condiciona una norma establecida culturalmente.

En el caso de las relaciones monogámicas o poligámicas, interviene el factor de que el marido pudiera tener una esposa e hijos, ya que estas podrían tener derecho a obtener una parte del patrimonio del padre. Esto condicionaría a la hora de elegir entre tener una segunda esposa, o que ésta pudiera ser una esclava, con el objetivo de que no recibieran parte del patrimonio familiar. Por lo tanto, el factor cultura determina los beneficios del hombre según sus intereses, con el fin de mantener un estatus social reflejado en la cantidad de bienes que posea. En el caso de que hubiera adulterio por parte de la mujer, no estaría penado, de la misma manera que si lo cometía el hombre. Aunque según la autora D. Albalat, existen referencias hechas en algunos papiros donde se explican sucesos concretos de mujeres las cuales habrían sido apedreadas por haber sido adulteras.

2.3. El Embarazo y la Menstruación

En el aspecto de la sexualidad, según el autor Gay Robins, se conocería perfectamente que habría que llevar a cabo el coito para producir el embarazo de la mujer posteriormente[40]. Es decir, eran conocedores de que la vinculación entre el semen masculino y el femenino daría lugar a la concepción de un hijo o una hija. Esta idea es importante ya que son conscientes de que, en esa época, necesitan la figura de una mujer y un hombre, para que su biología fundara nuevos descendientes. Para saber si estaba embarazada la mujer, se tenían en cuenta una serie de señales como podría ser que esta no tuviera la menstruación. Para el estudio de esta temática hay una serie de textos escritos en papiros de carácter médico-mágicos, donde se tratan temas como la ginecología, pediatría… etc. Por lo tanto, vemos como a partir de la biología de las mujeres se crean unos parámetros culturales que ejercen de pautas dominantes de la regulación y educación de los hijos e hijas.

Hay un elemento biológico propio de la mujer que ha condicionado a la hora de recaer sobre ellas un ``defecto'' visto desde ojos arenosos, como era la menstruación. Este líquido biológico lo considerarían un acto impuro propio de las mujeres, y que en los hombres no se da este estado natural. Por lo que, desde la cultura, sería un factor de incisión en las diferencias entre ambos sexos, declarando intenciones malignas a las mujeres con la menstruación, alzando la figura del marido que no ``padece'' dicha situación biológica. Esta situación sería un condicionante a la hora de trabajar las mujeres, ya que su marido podría hacerle el relevo de la actividad que le correspondiese en su ámbito laboral. Podría ser debido a que ella sería considerada impura, improductiva para la fábrica u otro oficio que desempeñase, y que, por lo tanto, sería una perjuicio, y atraería el mal para el devenir empresarial. Por lo tanto, una vez más lo biológico y natural propio de las mujeres como es la menstruación sería un factor cultural que incidiera en su consideración social como mujer y como persona.

Había una serie de pruebas que permitirían saber a los antiguos egipcios si la mujer estaría embarazada o no, como podrían ser tomarles el

---

[40] G. Robins, ``Las Mujeres en el Antiguo Egipto'' Editorial Akal, Madrid, 1996, pp. 85-86.

pulso, un examen del pecho y del color de la piel, observar los efectos que podría tener su orina en la germinación de granos de cebada y trigo... En este último caso, si la prueba era positiva, también podrían indicar el sexo de descendiente; en el caso de que brotaran los cultivos sería porque está embarazada; es decir, que el hombre y la mujer han hecho la conexión biológica correctamente. En el caso de que la cebada creciera primero, sería porque el descendiente sería un hijo, pero si crecía antes el trigo, sería hija. Por lo tanto, se puede apreciar como los conceptos culturales sobre el embarazo en las mujeres egipcias influirían en las creencias biológicas de su fecundación.

En referencia a los textos médicos mencionados anteriormente, las mujeres tendrían la posibilidad de abortar, evidentemente porque el embarazo sería no deseado. Ya sea porque ella no quiera concebir esa criatura, o porque su marido tampoco, pudiendo haber acuerdo entre ambos de llevar esa acción; incluso podría darse la posibilidad de que, si su economía no estuviera acorde a los gastos que conlleva la crianza de un hijo o hija, hiciera retroceder en la aventura de la maternidad y paternidad. Tal vez se podrían enumerar diferentes causas por las que una mujer egipcia no pudiera o no quisiera quedarse embarazada, y cabría suponer que es una decisión de un contexto cultural que influiría a la naturaleza biológica del matrimonio. Ya sea porque el marido obliga a su mujer a no tenerlo, porque su amante la obliga a no tenerlo, o porque ella misma no desea concebirlo, son situaciones que son influidas por conceptos culturales en torno al embarazo.

En torno a los métodos utilizados para abortar destacaría la introducción de excremento de cocodrilo o de miel con la intención de bloquear el paso del semen[41]. Además, ellas podrían amamantar a los hijos e hijas hasta que estos tuvieran 3 años, algo que conllevaría el tener menos probabilidades de que se quedase embarazada. Por lo tanto, en este último ejemplo, se podría ver la influencia del comportamiento de una madre en la alimentación de sus hijos e hijas con el fin de condicionar

---

[41] Ibid., pp. 88.

su estado biológico natural. Así, se aprecia como la cultura soluciona el asunto de concebir descendientes sin ningún control, ya que por biología no habría restricciones a la concepción. De por sí, que haya métodos anticonceptivos ya son un elemento cultural que condiciona el curso natural de la biología humana.

En el caso de los hombres, según la autora Gay Robins, no habría constancia de testimonios en los que se recogieran la existencia de métodos anticonceptivos de los estos pudieran hacer uso. Este autor no ofrece explicación ante este suceso, tal vez porque nadie que haya estudiado este tema haya podido encontrar referencias al mismo. Aunque en mi caso, lanzaría la teoría de que tal vez estuviera bien que el hombre introdujera su semen en el interior de la mujer, sin mala repercusión y como su postura dominadora; y, por lo tanto, en ella recaería el peso de la concepción. De esta manera, la biología de la mujer, por el hecho de poder concebir, condicionaría la necesidad de que en ellas se creen métodos que eviten esa concepción y no en los hombres.

Es interesante destacar un elemento al que hace referencia esta autora, en torno a la existencia de una divinidad llamada Taweret, que sería la diosa que protege a las mujeres embarazadas, además, de representársela con frecuencia como si ella lo estuviera. De esta forma, se aprecia como la biología condiciona a la creación de un elemento cultural como es en el ámbito de la religión egipcia, con la existencia de una nueva diosa; esta daría cobijo a las mujeres en estado, creando concepciones culturales nuevas a partir de un hecho naturalmente biológico.

Poniendo otro ejemplo sobre la influencia de lo biológico sobre lo cultural, destacaría la existencia de un tipo de vasija, hecha de alabastro egipcio, que tendría la forma de una mujer embarazada. La postura de la figura sería de pie o en cuclillas, desnuda y con las manos puestas sobre su tripa en señal de acariciarla, incluyendo a veces, un cuerno con aceite en una de sus manos. Estas vasijas podrían albergar un aceite que tendría el uso medicinal para utilizarlos en masajes a la piel de las mujeres embarazadas, e incluso ayudaría a evitar la salida de estrías, facilitando la textura de la piel de la tripa. Según esta autora habría constancia de la existencia de cuernos de aceites, la mayoría estarían en tumbas de mujeres. Por lo tanto, un elemento cultural como es una vasija para almacenar alimento o ungüentos se verían influidos por el elemento del cuerpo de una mujer, para darle forma al recipiente.

2.4. La Homosexualidad

Para abarcar este apartado de las relaciones homosexuales en el Antiguo Egipto, he considerado fundamental destacar el ``Libro de los Muertos'' donde habría una condena por este tipo de relación sexual, destacándose un fragmento de este que dice así: ``*Yo no he tenido relaciones sexuales con ninguna mujer en los lugares sagrados del dios de mi ciudad''*. Esta versión iría adaptada al apartado femenino, es decir, negando una mujer haber tenido relaciones sexuales con otra mujer; por lo tanto, cabría suponer que esta idea fuera aplicada para los hombres también. Según el autor José Carlos Castañeda, a los homosexuales no se les incluía dentro de la cultura propiamente egipcia, ejerciendo un acto de exclusión para estas personas que tenían esa sexualidad[42].

En este sentido destaca un relato denominado ``la Contienda entre Horus y Set'' donde Set propondría mantener relaciones sexuales a Horus, y éste no quiere tenerlas por los consejos dados por su madre Isis; Set penetraría a Horus, a lo cual este responde obligándole a ingerir lechuga, la cual está relacionada con el semen por el líquido que suelta cuando se corta esta hortaliza. De esta manera, como Horus había derramado su esperma en la planta, al comérsela Set, quedaría preñado. Este caso podría explicarse como si Horus y Set fueran una pareja común en la que de la misma manera que un hombre y una mujer pueden crear vida juntos, esta unión de estos dos hombres podrían proporcionar la misma generación de seres nuevos.

---

[42] J. C. Castañeda Reyes: *Señoras y esclavas: El papel de la mujer en la historia social del Egipto antiguo*, Editorial El Colegio de México, 2008, pp. 204-208.

En los primeros momentos de este suceso se aprecia como Set penetra a Horus de manera directa sin haber un acuerdo común entre los dos personajes. Por lo tanto, según J.C. Castañeda los hombres que se relacionan con el dios Set son porque se dejarían llevar por sus apetitos sexuales y por su conducta. Además, se ofrecería una visión de este Dios cobarde debido a que tiene una relación sexual en postura pasiva. Por lo tanto, se ve una condenación del acto sexual que es un hecho naturalmente biológico, porque surge la idea cultural de que un hombre no puede ser penetrado por otro hombre, ya que estaría mal visto socialmente.

Es cierto que este Castañeda expone que la homosexualidad era una práctica sexual condenada en el Antiguo Egipto, concretamente en algunos ámbitos sociales. En el caso de las mujeres lesbianas estaría peor registrado que en el caso del hombre, pero aun así parece que estaría condenado de la misma forma que lo está la homosexualidad masculina. En este sentido destaca del ``Libro de los muertos´´ un fragmento del papiro Carlsberg XIII, (b2,33) que expone: ``*si ella sueña que una mujer tiene sexo con ella, ella tendrá un mal fin´´*. Por lo tanto, es evidente la condenación de que una mujer mantuviera relaciones sexuales con otra. Esta idea podría surgir de que ellas estarían destinadas a la reproducción con un varón con el principal fin de tener hijos e hijas, ya que, de esa relación sexual de ambas, no otorgarían descendencia; que es lo que los egipcios mayormente buscarían.

Ambas concepciones hablan sobre la condenación de la homosexualidad tanto en el hombre como en la mujer, considerándola una opción sexual llena de males y prejuicios para las personas que la tienen. La homosexualidad es un hecho natural propio del ser humano, y, por lo tanto, se aprecia como los conceptos culturales de los egipcios, que tienen un ideal de familia, de procreación, quieren evitar vías que no ofrezcan la consecución de descendientes directos. Se expone como una condenación al ser humano por no poder procrear, no poder fundar un núcleo familiar, algo no bien visto por la sociedad egipcia. Por lo tanto, hay una clara dominación de la cultura en los preceptos biológicos humanos, según los intereses de los que escriben los preceptos normativos de la sociedad.

2.5. La heterosexualidad

La poliginia era una forma de matrimonio en la cual un hombre podría tener varias mujeres, contando ejemplos como en la dinastía VI en Edfu, donde el Indi, que era un soldado, tenía dos esposas. Según el autor José C. Castañeda, en diferentes textos habría referencias sobre que los hombres podrían tener 4 esposas como máximo. Lo que plantea este autor es que estaría el problema de que todas las mujeres tendrían que tener el reconocimiento de esposas para aceptarse que se estaba practicando la poligamia[43]. En el caso de las esclavas funcionarían como compañeras de la práctica sexual de los señores para los que trabajan, pero no se tendría la certeza de que se diera en otras clases sociales.

Por otro lado, este autor señala la posibilidad de que existiera la poliandria en el Egipto antiguo, datando algunos casos como los de las damas Mery-aa, la cual tuvo 6 esposos, aunque habría dudas de si serían todos al mismo tiempo; otra dama sería Menket la cual tendría dos esposos. En Deir el-Medina, hay constancia de seis mujeres que se las menciona con dos maridos cada una, exponiendo J. C. Castañeda que podrían haber enviudado y haberse vuelto a casar. Así, este autor aporta información objetiva sobre ambos sexos en el caso de tener varias parejas, pero muestra más incredulidad por el sexo femenino. Esto es así ya que expone que las mujeres podrían casarse una segunda vez en el caso de quedarse viudas, que era algo aceptado en las diferentes clases sociales del Egipto Antiguo.

Por el contrario, no se plantea que los hombres al haber constancia de que tenía 4 mujeres, no fuera posible que se quedara viudo en varias ocasiones. Tal vez porque la poliandria sería menos aceptada que

---

[43] Ibid., pp. 210-211.

la poligamia, y este parámetro cultural del matrimonio podría volver a llevarnos a la influencia de lo biológico. Esto sería porque las mujeres que son las que tenían la capacidad de gestar el hijo/a en su interior tendría que recaer sobre ella, en la mayoría de las ocasiones, la mano dirigente del marido. Así se conseguiría culturalmente una dominación de los maridos sobre las esposas en la constitución del matrimonio, y en la posterior evolución de tareas según sus beneficios.

2.6. La moda en Egipto

2.6.1. *El vestido masculino*

La manera que tenían de vestirse los hombres y las mujeres egipcias es esencial, ya que es una forma de exponerse al mundo, demostrando el estatus social y otras consideraciones de interés. Según la autora P. Gónzalez Serrano, y comenzando en este relato de la indumentaria, en primer lugar, cabe incidir en las prendas masculinas; uno de estos sería la ``shenti'' que consiste en una tira de lino, dispuesta estrechamente estirada, sostenida por un cinturón, pero se enrollaba varias veces por el cuerpo para formar una serie de pliegues[44]. Otro sería el manto o ``sush'' que era una prenda de ropa que se enlazaba al cuerpo según la preferencia de la persona. Este manto podría rodear a la cintura, tapando las caderas y las piernas o incluso por debajo de los hombros. Normalmente se disponía de manera que cubría uno de los hombros, el izquierdo era más habitual, para ponerse el final en la espalda, quedando el brazo derecho sin cubrir. Estas dos prendas son atuendos habituales en diferentes clases sociales de los egipcios antiguos, pero se pueden apreciar otros de categorías concretas de la sociedad.

---

[44] P. González Serrano: ``El vestido y la cosmética en el Antiguo Egipto'', Revista Espacio Tiempo y Forma, Serie II, 1996, pp. 35.

En el caso de los trajes reales, el faraón presentaba unos similares a los que llevaban sus súbditos, pero con la diferencia de que portaría una serie de adornos propios de su estatus real. La shenti era uno de los trajes típicos de los faraones y de los príncipes, los cuales ostentarían unos cinturones de lujo, además de portar insignias de la realeza. Propiamente del faraón también pudo ser el traje denominado ``calambé real'' el cual consistiría en una especie de falda adornada con líneas de color azul, amarillo o verde, y entremedias estarían las líneas blancas.

En este sentido de atuendo real destacarían complementos como las tiaras, los tocados y los cetros; las primeras eran una especie de coronas que podrían ser de 2 tipos; la roja o ``deshert'' que estaba decorada con el cayado o bastón, signo faraónico del Bajo Egipto; y la corona blanca ``hedyet'', portaría el ``uraeus'' o cobra sagrada que hace referencia a la realeza del Alto Egipto. En el momento de la unión de ambas tierras egipcias, se creó una corona común denominada ``pschent'' para el uso del faraón de esta en diversas ceremonias.

Los hombres se caracterizaron por utilizar pelucas de la misma manera que lo hicieron las mujeres, pero para cada persona tenía un estilo diferente[45]. El uso de estas pelucas se debería a que debido al calor propio de las zonas desérticas circundantes al río Nilo, los egipcios optaron, en muchas ocasiones, a afeitarse la cabeza. De este modo, contribuían a tener mejor higiene personal evitando la existencia de parásitos entre sus cabellos. En este sentido, no habría distinción, es decir, que tanto hombres como mujeres, culturalmente se afeitarían con el fin de beneficiarse de prevención de la aparición de bichos capilares. Las pelucas masculinas, en torno al 2890-2474 a.C., estaban formadas por pelos cortos, dispuestos de forma circular; aunque algunas podrían tener la raya en medio, o con pelos largos, dependiendo de las preferencias de cada persona.

Además, hubo un símbolo de poder en torno a la indumentaria y complementos como fueron los cetros, flagelos, cayados y mazas; esta

---

[45] Ibid., pp. 37.

última funcionaría para machacar la cabeza del enemigo en la actividad militar[46]. Por lo tanto, es posible que las mujeres faraonas no obtuvieran este objeto debido a su posible desviamiento de la tarea del ejército. Así, habría una distinción clara de objetos de ostentación masculina y femenina, dependiendo de unos cánones sociales que mejorarían la imagen de las mujeres y hombres, en función de quien llevase la prenda o complemento.

En cuanto a los sacerdotes hay que señalar que estarían totalmente depilados como símbolo de estado puro, portaban el ``shenti´´ y sobre esta llevaban un manto denominado ``chal´´; posteriormente se enrollaría por debajo de las axilas para darles un aspecto más significativo, y ser fácilmente reconocidos[47]. En los momentos en los que tenían que oficiar una ceremonia religiosa, portarían sobre su cuerpo una piel de pantera, sobre la que llevarían un collar llamado ``sah´´, simbolizando su posición en la pirámide social.

En el caso de los escribas reales hay un dato interesante como es que estarían depilados al igual que los miembros de la realeza y que los sacerdotes anteriormente mencionados; esta idea sería utilizada tanto por los hombres como por las mujeres de estas clases sociales. Según D. Albalat, esto se debería a que la existencia del vello del cuerpo les alejaría del contacto con las divinidades[48]. Por lo tanto, hay una combinación de informaciones en las que aparecen estos caracteres de vestimenta y depilación que fomenta la diferenciación de clases a través de la imagen que proyecta una persona egipcia con su cuerpo. Sería una manera de transmitir un mensaje dentro de la cultura de esa sociedad, con el fin de modificar la biología natural del ser humano egipcio. De esta forma, se ve esa continua influencia de la cultura sobre lo biológico, para establecer unos cánones estrictos de cómo se deben vestir los egipcios y las egipcias, según los intereses de unas pocas personas de esta sociedad.

---

[46] Ibid., p. 40.
[47] Ibid., p. 42.
[48] D. Albalat, *La mujer en el Antiguo Egipto*, Op. cit., p. 279.

2.6.2. El vestido femenino

La indumentaria de las mujeres sería similar tanto en el Imperio Antiguo como en el Medio, portando una túnica hecha de lino blanco, muy pegada al cuerpo, con escote en forma de pico para permitir sacar la cabeza por ahí; también podría estar sujeto el traje por arriba con tirantes que recubrían los senos y los hombros[49]. En el caso de las reinas y las princesas, las túnicas que poseían se presentaban con un color rojizo porque así simbolizaba el poder y la dinastía. Parecía una prenda sencilla, igual que la de los hombres, pero estas tenían una serie de adornos y bordados, con diferentes colores. Además, portaban unas pulseras en las muñecas, brazos y tobillos, utilizaban pelucas igualmente que los hombres, además de coronas en el caso de hablar de las faraonas.

En esta primera idea de los trajes de las mujeres del Antiguo Egipto se aprecia cómo se amoldan a la anatomía propia de ellas, es decir, al tener unos pechos más desarrollados que los hombres, se les otorga la posición de unos trajes que permitan ver sus senos. Podría suponer, que, en el pueblo egipcio, la muestra de estos al resto de la sociedad sería una muestra de poder, de fertilidad[50]. Por el contrario, los hombres iban más arropados, no en el sentido de más capas de ropa, sino de no mostrar tanto al exterior; por ejemplo, ellos podrían llevar un brazo sin recubrir, pero tal vez, con este cogerían el cetro, que es un símbolo de poder indiscutible. Por lo tanto, la ropa de Egipto, que llevan ambos sexos es influida por la cultura ya que es un ítem propio de los egipcios, condicionando su biología para transformarlo en el canon de mujer y hombre que quieran transmitir al resto del mundo. Es decir, existe una natural retroalimentación entre la cultura y lo biológico en este apartado, ya que el cuerpo condiciona el tipo de ropa que lleven, y las ideas egipcias determinan la manera de vestir y sus consideraciones sociales.

---

[49] P. Gónzalez Serrano: ``El vestido y la cosmética en el Antiguo Egipto´´, p. 47.
[50] Ibid., p. 49.

2.6.3. Cosméticos

En el Antiguo Egipto, hubo una serie de productos que fueron encaminados a tratar de embellecer los cuerpos y caras de sus habitantes, además de ejercer protección sobre sus pieles. Estos ungüentos se elaborarían con grasas vegetales y animales combinadas con unas sustancias aromatizadas. Los cosméticos podrían ser utilizados tanto por los hombres como por las mujeres egipcias; existiría el ``kolh´´ que servía para perfilar los ojos y se daba un negro más intenso en las pestañas con un polvo. A la hora de pintarse los labios rojos y los coloretes de la cara se utilizaba el ``fucus´´ que es un tipo de algas oscuras de las que procedía el yodo y la sosa. Además, para tintarse el cuerpo utilizarían el color ocre y el azafrán, e incluso teñían así telas y demás tejidos[51].

En el caso de la perfumería, hay que destacar que su existencia se reduciría casi a ámbitos religiosos; estos productos se realizarían con mirra, estoraque (que es una resina procedente de un árbol), con benjuí (que es otra resina obtenida de la corteza de un árbol similar que el anterior elemento) y con otras procedencias vegetales que se solían combinar con vino de palma, aceite de sésamo o de almendras. Todo este tipo de producciones en cosmética dio lugar a una especialización del trabajo en cosmética, aparte de impulsar el comercio en relación a este mercado[52]. Además, supuso la creación de productos cotidianos como los pomos para los perfumes, una serie de cajas para guardar cremas, espejos hechos en bronce, paletas para albergar las sombras de ojos, aparte de la existencia de cofres, que servirían para albergar todo tipo de productos relacionados con el acicalado y el maquillaje del cuerpo.

Lo anteriormente comentado sobre la cosmética en el Antiguo Egipto estaría explicado por la autora P. González Serrano, no esclareciendo apenas diferenciación entre qué productos eran utilizados por las mujeres, y cuáles por los hombres; esto en el caso de que hubiera diferencias.

---

[51] Ibid., pp. 51-52.
[52] Ibid., p. 54.

Por el contrario, en el caso de la autora Davinia Albalat, si se aprecian distinciones en el apartado de las mujeres; por ejemplo, entre ellas habría diferencias según su clase social. Las mujeres pertenecientes a las altas clases utilizarían mayores técnicas de conservación de su aspecto físico en un estado joven. En ese sentido, esta autora si aprecia como en las pinturas habría diferentes formas de enfocarla según el sexo de la persona, ya que en el caso de los varones la piel tendría un tono moreno y en el caso de las mujeres el tono sería más pálido.

En este aspecto, en el enfoque del maquillaje, perfumería…, hay una clara diferenciación de su utilización según el sexo de la persona. Esta idea va encaminada en la línea que estoy siguiendo en este trabajo de relacionar la biología y la cultura como dos motores de una misma maquinaria que se retroalimentan en el fin de conseguir los mismos objetivos. Ambos elementos se dan soluciones a las problemáticas que surgen, en este caso, en el Estado del Egipto Antiguo. Surgen unos cánones de belleza, de identidad de sexos según su ropa y su apariencia que son la transformación de lo físico para llegar a lo psicológico. Es decir, a través de la modificación de la apariencia del cuerpo, que es algo naturalmente biológico, se llega a la creación de ideas culturales sobre la idealización de la persona egipcia.

2.7. Cuestión jurídica en Egipto

En este sentido jurídica, he considerado oportuno señalar ciertos matices, ya que es de interés conocer más acerca de la legalidad en el Antiguo Egipto. Esto nos proporcionaría información acerca de las desigualdades sociales que podrían existir en el ámbito de la jurisdicción entre hombres y mujeres. En el presente trabajo, expuse como lo biológico provoca cambios en lo cultural y viceversa, por lo que este elemento de la legislación en el Antiguo Egipto podría arrojar luz a cómo afectaría a su funcionamiento ambos sexos. Según la lectura del Artículo de la autora Davinia Albalat, se puede hallar poca información acerca de las leyes de esta época, sobre todo, con el fin de compararlas y determinar si había desigualdades en el reconocimiento de ciertos derechos[53].

Según esta autora, se creería que existiría una igualdad en lo jurídico, en teoría, algo que se iría limitando con el paso de los tiempos en Egipto. Ambos sexos no tendrían que disponer de un tutor legal, ya que tendrían la capacidad de poder vender, comprar o iniciar acciones legales contra alguien. En este aspecto, se encuentra el himno a la divinidad Isis, escrito en el papiro de Oxyrhinco, del siglo II a.C. donde destacaría el siguiente fragmento: ``*Eres la dueña de la tierra [...] tú has dado un poder a las mujeres igual al de los hombres*´´. Por lo tanto, se aprecia una clara alusión a una igualdad en derechos jurídicos entre ambos sexos, algo que sucedería en la teoría, y que en la práctica podríamos dudar de su existencia total.

En el caso del patrimonio familiar, es oportuno añadir, que las mujeres podrían ser propietarias de su patrimonio, y, además, de desempeñar la dirección de su negocio. Además, podrían elegir la manera en la que se dividirían los bienes entre sus hijos e hijas; estos caracteres jurídicos, aunque no los aporta la autora D. Albalat, pero podríamos deducir que serían otorgados a los hombres, por lo menos en la teoría. Según las informaciones aportadas en este trabajo, en torno a la familia, las clases sociales…etc., la mujer en el Antiguo Egipto suele tener mayores desventajas que los hombres, grosso modo. Por lo tanto, es extraño pensar que los hombres en el ámbito jurídico, que es la base del sistema social egipcio, no tuvieran mínimo los mismos derechos jurídicos reconocidos que las mujeres egipcias.

En el ámbito familiar, destacaría que el divorcio, a la par que el matrimonio, era un elemento considerado dentro de la privacidad de los habitantes del Antiguo Egipto. El divorcio podría ser solicitado por ambos sexos por igual, que podría estar provocado por diferentes motivos como el adulterio de alguno de las dos personas que componen el matrimonio, la esterilidad de un miembro, e incluso, recalca esta autora, la

---

[53] D. Albalat, ``La Mujer en el Antiguo Egipto´´, Op. cit., p. 277.

poca belleza de la esposa como posible motivo de la ruptura de la pareja. Con este elemento, me hace reflexionar en que a la mujer se le exigiría por el hecho de serlo, que tuviera que ser bella, o tuviera que ofrecer al exterior una imagen idealizada de su sexo. Por lo tanto, ofrecería una posición un tanto inferior respecto a la del hombre, que no tendría por qué exigírsele esa belleza extrema, o esos cuidados que tal vez les sean asignados a las mujeres para servir de escaparate a los hombres; como si de una selección de productos se tratase. Por lo tanto, una vez más, el elemento cultural del maquillaje condiciona el elemento biológico de las mujeres con el fin de ser modificado, como puede ser el rostro; elemento identitario de cualquier persona.

Por último, cabe añadir, de que, en el caso del divorcio anteriormente comentado, si antes de casarse el matrimonio había determinado los bienes que serían de ambos miembros en el contrato privado que tendrían a través de la intervención de un escriba, la mujer podría obtener los suyos, y si no tenía nada, podría regresar a la casa de su padre y de su madre. El hecho de que intervenga una figura masculina a dar legitimidad al contrato matrimonial es certificador de la autoridad de los hombres frente a las mujeres. Además, ya acordamos en el comentario de la parte de sociedad de este trabajo, en el apartado de los escribas, que este oficio era mayormente desempeñado por los hombres egipcios. Si la mujer podría regresar a la casa de su familia originaria, sería porque la casa en la que vivía con el marido pertenecería a este. De esta manera, se aprecia ese concepto cultural egipcio, en el que la mujer tiene que irse a vivir a la casa de su cónyuge, como una tradición cultural, donde, en teoría, podría tener mayor estabilidad y seguridad que en la suya propia. Esto es una hipótesis que iría en la línea de determinar si habría diferenciaciones sexuales en Egipto, que, en este caso, si hay diferencias de comportamientos culturales, que son condicionados según el sexo de la persona egipcia. Por lo tanto, podría existir la creencia de que en la casa de la mujer originaria no tendría la misma estabilidad y prestigio, por el hecho de ser mujer, mientras que tendrían que ir ambos miembros de la pareja a la casa del hombre, ya que él disfrutaría de los refuerzos culturales propios de su sexo.

3. La religión en el antiguo Egipto

3.1. Sacerdotes y sacerdotisas

En este apartado referido al cuerpo de sacerdotes y sacerdotisas del Antiguo Egipto, he considerado esencial destacar ciertas cuestiones acerca de estos protagonistas en torno al desarrollo y mantenimiento de la religión egipcia. Este asunto del sacerdocio ya fue mencionado en el presente trabajo en el apartado de sociedad egipcia, sin embargo, sería relevante acercarnos a diferentes aspectos que completarían esta visión de diferencias de oficios según el sexo de la persona. En relación con los hombres que desempeñaban la labor de sacerdotes, según B. Cuervo Álvarez, estos serían personas cercanas a la figura del faraón. Así, este último podría utilizar la figura de estos personajes para la expansión de sus ideales religiosos por todo Egipto[54].

Dentro de este grupo de sacerdotes se podría diferenciar una jerarquía, probablemente para que no recayera en una sola persona el poder religioso de la zona. En primer lugar, se encontraría el pontífice o también llamado ``Sem´´, el cual sería uno de los ancianos del templo, caracterizado por tener buenas dotes en el ámbito político y administrativo. Entre sus funciones principales destacaría la de encargarse de la correcta labor del templo y sus bienes, aparte de celebrar festividades solemnes. En segundo lugar, destacaría la figura de los purificadores, que serían personas que ayudarían a los sacerdotes a preparar alimentos que servirán de ofrendas a las deidades egipcias. En tercer lugar, podríamos

---

[54] B. Cuervo Álvarez, ``La Sociedad en el Egipto de los Faraones´´, Op. cit., pp. 171-174.

encontrar un colectivo de personas dedicadas a tocar instrumentos y a cantar, los cuales se caracterizaban por ser ciegos.

Además, los sacerdotes se dedicarían a custodiar las estatuas sagradas o también llamadas oráculos, pero no todos tenían la posibilidad de entrar a la parte más interna del templo donde se desarrollaba esta actividad. Para llevar a cabo esta protección de los oráculos, los sacerdotes tendrían que hacer actos de purificación de su cuerpo; entre estos destacaría que se tenían que afeitar todos los pelos del cuerpo, incluida la cabeza. Además, tendrían que lavarse como elemento importante dentro de este proceso de limpieza sacra, algo que se realizaría gracias a que algunos templos tendrían lagos sagrados para darse baños purificadores.

En el caso del sacerdocio masculino, con el paso del tiempo, se agruparían en un importante cuerpo administrativo, contando con miles de hombres. Incluso hubo faraones que desempeñaron el oficio de sacerdote en cultos a dioses como Ptah o Amón; así, se podría deducir una manera de ascenso social de los hombres a través del oficio del sacerdocio, con el objetivo final de ser faraones y trasladar su sabiduría al resto de la población con mayor influencia. Debido a la gran cantidad de sacerdotes egipcios, en los templos existía la modalidad de los sistemas de rotación por turnos, los cuales consistían en que cada uno tendría que estar durante sólo un mes, durante tres anualmente.

Además, añadiendo una idea esencial de B. Cuervo Álvarez, las mujeres sacerdotisas tendrían también ese sistema de rotación de oficio de igual manera que los hombres. Incluso, tendrían las mujeres otra característica igual que los hombres de este oficio, como era la posibilidad de ascenso social. Esto sería así, debido a que las mujeres que solían desempeñar este oficio podrían ser esposas de los propios sacerdotes, provocando que los descendientes de esta unión pudieran tener ese cargo en el futuro. En este sentido, destacaría como en torno al culto del dios Amón, destacarían las mujeres sacerdotisas que lo realizaban, denominándolas ``Divina Adoratriz''. Estas mujeres solían tener vínculos familiares con el faraón que reinara en ese momento, ya siendo hijas o hermanas de este. Por ende, tanto hombres como mujeres en el Antiguo Egipto, podrían utilizar el oficio religioso con elemento de aumentar de consideración social, provocando un ascenso en cadena de diferentes miembros de su familia; como sería el caso, de esposas, hijos, hijas, hermanas…etc.

Por otro lado, destacaría la aportación de la autora Gay Robins, el cual ofrecería una visión cercana sobre las sacerdotisas y su campo de acción en el ámbito de la religión egipcia[55]. Las mujeres de la clase aristocrática egipcia realizarían el cargo de sacerdotisas de la diosa Hathor; aunque también habría algunas que rendirían culto a la diosa Neith, aunque de manera menos frecuente. En el culto hacia la diosa Hathor estas mujeres podrían alcanzar una posición en la administración bajo las directrices de un hombre, e incluso el oficio de lectoras sería algo restringido al ámbito de los hombres. Por lo tanto, se aprecia una clara distinción en las capacidades biológicas de un hombre y una mujer; en primer lugar, porque las sacerdotisas tengan que guiarse por los mandatos de los sacerdotes, y, en segundo lugar, porque ellos serían los ``capacitados'' de poder hacer lecturas sagradas. De esta manera, con estos actos culturales, que, a simple vista, podrían parecer simbólicos, culturalmente inciden en la división de destrezas que pueden realizar ambos sexos de manera eficaz o no.

Es cierto que, aunque no correspondería tratar el contexto del Imperio Nuevo, hay una idea que considero fundamental en el desarrollo de mi discurso del presente trabajo. En esta etapa histórica de Egipto, los sacerdotes habrían ocupado todas las labores relacionadas con el culto a las divinidades, oficiar rituales funerarios, ceremoniales religiosos…etc. De esta forma, las mujeres no tendrían posibilidades de desarrollar este oficio, eliminando por completo, que tuvieran esa opción de ascender socialmente a través de esa vía sacerdotal. Esta idea podría parecer insignificante, sin embargo, considero que es oportuna exponerla ya que se aprecia como por intereses de sacerdotes y faraones probablemente, las mujeres cada vez tendrían menos oportunidades de desempeñar trabajos

---

[55] G. Robins, *Las Mujeres en el Antiguo Egipto,* Op. cit., pp. 153-156.

que hicieran que estas obtuvieran mayor consideración social. Así, se las apartaría de la esfera pública, dejándolas retiradas a ámbitos de la domesticidad, agricultura, esclavitud, artesanía…etc, ámbitos, que dependiendo de cuál, podrían tener más oportunidades de crecer profesionalmente o de quedarse estancadas al mismo estatus.

Aun así, las mujeres podrían desempeñar otras actividades dentro del ámbito religioso, como podría ser el oficio de instrumentistas. Estas mujeres podrían agitar el sistro que era un sonajero consagrado a la diosa Hathor que utilizarán los músicos en los cultos a esta divinidad con el fin de ofrecerle tranquilidad, incluso también se relajaría a otras deidades. Estas mujeres se caracterizarían por llevar el ``menit'' que es un collar, que estaba formado por una serie de hebras de hilo enlazadas con cuentas de pequeño tamaño que se unirían para conformar un cordón con cuentas de mayor tamaño en cada parte. Este elemento también se utilizaría para glorificar a la diosa Hathor, a la cual se la podría escenificar con él, sobre todo, en los momentos en los que se la representaba con su forma de vaca[56].

Sobre todo, uno de los elementos que aportan luz al oficio musical de las mujeres dentro del ámbito religioso, es que tendrían la capacidad de formar bandas musicales. Dentro de esta institución musical habría una jerarquía de mujeres, como se puede evidenciar en el título de ``la grande de la banda musical''; la mujer que desempeñase este cargo evidenciaría su alto estatus social, por lo tanto, pertenecería a la clase aristocrática de Egipto. Esta mujer sería la que tendría el mayor cargo de esta organización, teniendo el poder de dirigir a todas las instrumentistas, estableciendo esa diferenciación de importancia dentro del grupo femenino.

En definitiva, dentro del grupo de sacerdotes y sacerdotisas podremos evidenciar unas diferencias claras dependiendo de su sexo. Esto se vería en que, según los altos dirigentes de la sociedad, como serían los faraones y los propios sacerdotes, empezarían a minusvalorarse las ca-

---

[56] Ibid., pp. 156-159.

pacidades de las mujeres, provocando un barrido de sus posiciones a los oficios con menores opciones de ascenso social. Por lo tanto, se produce un desplazamiento de las figuras femeninas en este oficio, probablemente, con el fin de tener los sacerdotes mayores virtudes reconocidas socialmente, aparte de tener mayor vinculación con el propio faraón; incluso mayor opción de ser ellos los propios faraones, dejando de lado, la posibilidad, aunque remota que fuera, de que una mujer fuera gobernadora de Egipto.

3.2. Los rituales funerarios

En torno a la ritualidad funeraria dentro del mundo del Egipto Antiguo, es oportuno señalar a través de aclaraciones de la autora Gay Robins, que las mujeres y los hombres de esta sociedad se caracterizarían por tener enterramientos muy similares. El mayor inconveniente en este tema sería que habría una escasa constancia sobre los funerales, sobre todo, en relación con las clases sociales bajas. Esta última idea tiene el por qué en que los escribas egipcios dejarían los testimonios sobre personas de clase alta, que serían los que podrían costearse la elaboración de capillas de carácter funeral. Las personas de bajo rango social dejarían su cadáver en una tumba excavada en el suelo, que iría acompañado de ajuares funerarios[57]. En el caso de las personas más pudientes, las tumbas tendrían otra disposición: se caracterizarían por poseer una capilla funeraria que albergaría la entrada al enterramiento de la persona.

En la mayor parte de las ocasiones los propietarios de estas capillas de carácter funerario desempeñarían oficios de funcionarios en el Estado egipcio. Por lo tanto, tendrían mayores posibilidades para elaborarse una tumba ostentosa con su ajuar funerario y diferentes distintivos de su categoría social. De esta manera, si las mujeres no tendrían tantas

---

[57] Ibid., pp. 177-182.

oportunidades para acceder a cargos dentro de la administración egipcia, sería posible que estas capillas en su mayoría fueran fundadas por hombres. La decoración de estas tumbas serviría para honrar al difunto, representándose a las mujeres de la familia, como podrían ser su madre, hijas o hermanas. Por lo tanto, si las mujeres mayoritariamente tendrían unas tumbas menos significativas, podrían ser más fáciles de quedarse en el olvido, y, por lo tanto, en el trabajo arqueológico, no evidenciarse tan frecuentemente como las tumbas de los hombres.

Desde el Imperio Antiguo, en el momento en el que una mujer fallecía, su cuerpo recibiría el mismo proceso de ritual funerario que el de un hombre, además de enterrarse con un ajuar parecido. En el momento en el que surgió la técnica de la momificación, las mujeres pasarían por ese trámite para poder tener su cuerpo una conservación duradera. El cuerpo se pondría dentro del sarcófago, mientras que los diferentes órganos del difunto se introducirían en los vasos canopos. Además, aunque ya en el periodo del Imperio Nuevo, estaría la tradición de introducir, en el enterramiento del individuo, una copia del ``Libro de los Muertos'' con el objetivo de guiar al difunto a través de los riesgos que acontecen en el Más Allá. Según las copias de estos libros que se han conservado, estos podrían pertenecer a las mujeres de la misma manera que a los hombres, sin establecer distinciones.

En cuanto a los objetos de ajuar que podrían ostentar estas tumbas de las personas egipcias, destacarían las joyas, vestidos, pelucas, e incluso, muebles, pudiéndose hallar en enterramientos tanto de hombres como de mujeres. A pesar de esto, es cierto que se tiene menos constancia arqueológica de la existencia de vasos canopos y Libros de los Muertos en relación con mujeres respecto a hombres[58]. Por lo tanto, de esto se deduciría que se debería a que o los hombres eran los que se encargarían de organizar sus ajuares y los de las mujeres, y destinaban más dinero al suyo; o las mujeres se encargarían de su ajuar propio, pero tendrían menos capacidad económica para conseguir grandes lujos en el

---

[58] Ibid., pp. 186-189.

mismo. Aun así, recurriendo a una idea anterior, si hay menos constancia de enterramientos de mujeres egipcias, podría ser, debido a que son más difíciles de encontrar debido a la sencillez de este. Así, sería menos dificultosos hallar, arqueológicamente, una capilla funeraria en la que estuviera enterrado un hombre, a una fosa en el suelo donde estuviera enterrada una mujer.

En última instancia, cabría destacar que al final del Imperio Antiguo, los hombres fallecidos tendrían una conexión con el dios Osiris, por lo que tendrían que poner su nombre como prefijo del suyo en la tumba; esto se realizaría con el fin de alcanzar la vida eterna. Por el contrario, las mujeres podrían realizar el mismo procedimiento, a pesar de que el dios Osiris fuera un dios masculino, y que no existía una divinidad que equivaliera a este, pero en femenino. Por lo tanto, las mujeres tendrían unos ajuares, construcciones funerarias, textos y cultos funerarios adaptados a la manera de realizarlos a los hombres; esto se conseguiría con el cambio de la terminología de los textos de masculino a femenino, e incluso en las esculturas. Estas últimas se cambiarían en su elaboración, representando a mujeres, influyendo estas actuaciones hasta en las normas de decoración en la iconografía de cada figura.

3.3. Las divinidades egipcias

En primer lugar, he considerado fundamental tratar el ámbito de las deidades egipcias con el objetivo de esclarecer diferencias entre ellas dentro del propio panteón divino. La religión egipcia sería uno de los mecanismos esenciales por el cual la sociedad habría sido desarrollada a través de unas creencias, formándose unos parámetros de actuación en la vida cotidiana, en lo funerario…etc. De esta forma, la visión cosmogónica del mundo egipcio es oportuna destacarla, y en concreto desarrollar la llamada Enéada. Así podríamos acercarnos a sus ideas sobre el origen de la vida, según sus creencias, analizando las diferencias entre dioses y diosas según el sexo.

En este sentido, siguiendo a la autora Mª C. Escobar Labella, según la Enéada egipcia, en los primeros momentos no existía nada más que el silencio, y el océano originario llamado Noon[59]. Con una serie de movimientos de este surgiría Tatanen que sería una montaña en forma de pirámide, provocando un amanecer donde surgiría Atom como un gran disco solar. De esta manera, se observa, como la primera divinidad que se origina en Egipto es con una connotación masculina de dios. Por lo tanto, se podría deducir desde el primer momento una posible superioridad del dios frente a la diosa, ya que dentro de este panteón se podrá percibir esa jerarquía divina según el orden de creación. Incluso de este primer dios, después de ingerir su propio semen, al estornudar conseguiría reproducir al dios Shu, que es el dios del aire, también con connotación de dios. Por lo tanto, podríamos sacar dos ideas hasta este punto; que los dos primeros dioses de la religión egipcia, según la Enéada, son masculinos; y que el primer dios no necesitaría ningún otro ser para reproducirse, únicamente utilizando su propia fertilidad.

Es cierto, que Atón después de estornudar a Shu, también escupiría para nacer Tefnut, que era la diosa de la humedad; se podría decir, que se perciben de igual manera ambas divinidades, la masculina y la femenina, porque han sido originadas sin casi margen de tiempo. Aun así, en primer lugar, como ya mencioné anteriormente primero sería Shu, con el acto del estornudo, que es un acto involuntario naturalmente biológico. Por el contrario, el acto de escupir es algo voluntario y se suele utilizar para eliminar los desperdicios del cuerpo a través de la boca. Por lo tanto, la connotación de la creación de ambas divinidades es diferente, y posiblemente, se deba a que uno tiene carácter de dios y la segunda tiene carácter de diosa. También se podría deducir, que el dios Atón tenía intención de crear a los dos tipos de dioses posibles en la religión egipcia, dándole un sentido equitativo entre los sexos divinos.

---

[59] Mª C. Escobar Labella: *Paseo a través de la Historia. Egipto, una civilización para la eternidad*, Revista Burán Nº 12, (1998) pp. 63-64.

Posteriormente, Shu y Tefnut originarían a Geb, que es el dios de la tierra y a Nut, que es la diosa del cielo, donde destacaría unas ideas de interés: Geb giraría desde el principio del día hasta el mediodía, aumentando a su máximo tamaño, mientras que Atón evolucionaba a Ra hasta desembocar en que Nut lo engullera, cuando cayera la noche. En este sentido, destacaría como ella como diosa sería capaz de ocultar una de las energías más esenciales de la vida como es el sol, para posteriormente devolver a este elemento cada mañana para cumplir su función. Por lo tanto, ambas deidades consiguen tener vínculos estrechos con el dios Atón y Ra, teniendo capacidades poderosas en el sentido de la naturaleza del día y la noche.

A continuación, a partir de Geb y Nut surgirían cuatro hermanos gemelos, en primer lugar, Osiris y Neftis, y después a Isis y Seth. En los primeros momentos, existiría una situación de plena felicidad entre los hermanos y las hermanas, pero, avanzada la vida de ellos, se originaría la envidia de Seth hacia su hermano Osiris; esto sería debido a que este segundo tendría las virtudes de la generosidad, la amabilidad, la bondad…etc. Un día, Seth celebraría una fiesta donde irían todos los dioses y diosas de Egipto, cada uno con caretas de animales, para la realización de un juego. Este consistiría en que Seth prepararía un sarcófago donde todos los invitados se tendrían que introducir en él, con el fin de saber quién cabría perfectamente; previamente había tomado las medidas de su hermano Osiris. Cuando Osiris se introduce en el sarcófago, su hermano Seth lo cierra rápidamente y lo lanzaría al Mar Mediterráneo, acto que no tuvo oposición por el temor de los demás dioses y diosas hacia Seth. Entonces, desde este momento, los invitados fueron castigados a que llevasen siempre la cabeza del animal que tenían representados en sus cabezas.

Posteriormente, Isis, esposa de Osiris, al conocer esta noticia empezó a buscarlo, a la par que el sarcófago de él flotaría hasta Biblos, en Fenicia; surgiría de su cuerpo un árbol bello provocando la atracción del rey de esta zona. Entonces, Osiris fue llevado a su palacio como un tesoro preciado, adquiriendo un color verde, con simbolismos hacia la regeneración de la naturaleza. Después, un pájaro iría a contárselo a Isis, a lo que ella va en su búsqueda, haciendo pasar por una sirvienta de la corte de ese rey. Sin embargo, Seth cogería el cadáver de su hermano para descuartizarlo en 14 partes, repartiéndolas por todo el Nilo. Entonces, su hermana Neftis ayudó a Isis a reconstruir el cuerpo con vendas, pero faltaba su falo, algo de importancia en Egipto por la fertilidad del elemento. Entonces Isis le hizo uno de barro, por lo que ella concebiría a Horus, que sería el dios del Sol. Por lo tanto, se aprecia, como de igual manera que, en los orígenes de Egipto, según la Enéada, Atón originó con su propio esperma a dos divinidades, hay un paralelismo con Isis; esto sería así, porque Osiris estaba muerto cuando ella concibe a su hijo Horus, por lo tanto, ella podría haberse fecundado así misma, ya que el falo de Osiris no lo encontraron.

De este modo, Horus viviría con temor desde su infancia hacia su tío Seth, teniendo intención de matarlo en un futuro para vengar la muerte de su padre Osiris. Posteriormente, lucharon estos dos personajes muriendo Seth a manos de Horus, convirtiéndose en el dios entre el resto de las divinidades, el sol. Por lo tanto, en general dentro de esta mitología egipcia, podremos percibir diferencias entre ambos sexos; al masculino le da virtudes como la autofecundación, la fertilidad, el poder, pero también la envidia representada en Set hacia su hermano Osiris. Por otro lado, estarían las divinidades femeninas, representando la templanza, la lucha por conseguir recuperar al ser fallecido, es decir, la perseverancia, la autofecundación y la consiguiente fertilidad.

4. Conclusiones personales

Del presente trabajo, he podido extraer diferentes tipos de conclusiones que podrían cerrar el círculo de mis inquietudes acerca de la situación de las mujeres y los hombres en la época del Antiguo Egipto. En primer lugar, he considerado fundamental la aportación del autor Richard Dawkins en múltiples aspectos del apartado introductorio del trabajo. En este sentido, destaco el origen de la vida en la Tierra y como a partir de las primeras moléculas gracias a su acción de replicador, tendrían la capacidad de hacer copias de sí mismas. Esto provocaría la consiguiente evolución hacia una vida más compleja en este planeta y una gran variación en las formas de vida y maneras de supervivencia. Por lo tanto, esta idea de la supervivencia por los recursos del planeta Tierra se trasladaría a las formas de vida evolucionadas de esas primeras moléculas, como podrían ser los animales, las plantas y los seres humanos.

Evidentemente, esta evolución se dio debido a una serie de condiciones positivas que contribuyeron al desarrollo de las especies tal y como las conocemos hoy en día. En general, uno de los factores más importantes en este proceso sería la selección natural y el instinto de supervivencia de cada una de las especies. En el caso del primer factor, provocaría que los cuerpos de cada individuo se modificasen aportando una mejoría en las partes que lo necesitasen para una mejor adaptación al medio que les rodea. En el caso del segundo factor, las especies conseguirían tener unas capacidades adaptativas del medio ambiente, con el fin controlar todo en su propio beneficio; en este apartado cabrían citar la modalidad de cazar otros animales, accesibilidad al recurso del agua, la defensa ante depredadores, protección ante el clima o medio geográfico…

Por lo tanto, la teoría del ``gen egoísta'' de R. Dawkins, donde expone como los genes actuarían de manera duplicadora para conseguir el mejor beneficio propio y su mejor desarrollo para contribuir a la mejoría de su entidad futura. De esta manera, a lo largo de todas las generaciones de seres vivos habría habido una serie de genes internos que contribuirían al desarrollo de los mejores caracteres posibles que podrían tener los individuos de esas especies. Así, en el caso de la especie humana, se podría destacar el factor no sólo del gen como motor de cambio para la mejoría de los individuos, sino también cabría hablar de los ``memes''. Estos hacen referencia a todos los elementos dentro de una sociedad, como tradiciones, formas de vida, de pensamiento, de lo artístico…etc., pudiéndose englobar en una única palabra, la cultura.

Estas ideas se podrían trasladar al ámbito del Antiguo Egipto, que es una época en la que podríamos establecer cierta diferenciación en esta sociedad entre los sexos que la componen, es decir, entre las mujeres y los hombres. Esto se debería probablemente al germen del origen de la vida en la Tierra, y a la evolución que la especie humana contrajo en su desarrollo biológico. Esto provocaría una clasificación de los hombres y las mujeres dentro de esta sociedad, según unos parámetros que se adaptarían a lo que les habría funcionado como comunidad. Es decir, que estas personas habrían llegado hasta ese momento porque sus modelos de biología y cultura habrían confluido al mismo tiempo y entrelazándose, consiguiendo un clima óptimo para el buen desarrollo de estos individuos. Así, hemos podido ver cómo en el desarrollo cultura de los sexos la mujer queda relegada a un segundo plano social, aunque en Egipto se hayan producido algunas excepciones.

De esta manera, en el Antiguo Egipto, se podría destacar la clasificación social que evidencia una división de oficios según el sexo de la persona que lo desempeña. Esta distribución podría haber sido una manera de que esta población egipcia resolviera una serie de problemas que pudieron acontecer en el pasado, y que contribuyó a la mejoría del grupo egipcio en su conjunto. Por lo tanto, lucharían por la supervivencia de la sociedad egipcia a través de adaptación al lugar donde se asentarán, desarrollando normas de convivencia que contribuyeran a la creación de unas normas de comportamiento. De este modo, se asegurarían una garantía clara de la evolución de su sociedad, con el fin de mantener viva su esencia en el mundo, y vinculándose con el mundo de los muertos, a través de la religión, con el fin de que perdurase de alguna manera su esencia en el planeta Tierra.

Además, dentro de esta sociedad compleja podríamos distinguir una pirámide social bastante bien organizada, partiendo de la base donde estarían los esclavos y las esclavas; los primeros pudiéndose haber dedicado a tareas de construcción de templos, pirámides…etc, mientras que las segundas se podrían haber destinado a la reproducción de hijos con el fin de que estos cuando crecieran se dedicasen a trabajar como esclavos. Incluso, estas podrían ser dirigidas a intercambios comerciales, bajando su consideración de persona, ya que se cosificaría su entidad, al tratarla como moneda de trueque. Por lo tanto, en este ejemplo de la esclavitud se puede diferenciar que lo biológico, que es el sexo de cada persona, condicionaría a la hora de establecer una división cultural de las tareas que podría realizar o tendría capacidad cada una de ellas.

Subiendo un escalón en la pirámide social, estarían los siervos y las siervas, que se caracterizarían porque los hombres realizarían las actividades agrarias, generalmente, mientras que las mujeres podrían desempeñar la función de sirvientas de comida y bebidas cuando los primeros trabajasen la tierra. Más arriba, estarían los artesanos y artesanas, donde no he conseguido hallar información entre un predominio de un sexo sobre otro en este oficio; podría ser posible, que fuera un oficio desempeñado por hombres y mujeres sin limitaciones para uno de los dos sexos. Por encima, estarían los comerciantes y mercaderes donde no he evidenciado que hubiera una diferenciación de oficio clara, y, por lo tanto, podría ocurrir como en el caso del grupo anterior, donde no habría distinción cultural. Alcanzando un escalón por arriba, estarían las personas que desempeñan el oficio de escriba, donde si he podido esclarecer que en su amplia mayoría eran hombres. Probablemente, esto ocurriera porque ya es una clase social mayor, y a medida que se avanza en la jerarquía de esta sociedad, se ve menos capacidad de acción del sexo femenino en cualquier oficio.

En cuanto a los sacerdotes y sacerdotisas, si hay una clara diferenciación del oficio religioso, donde los primeros ejercerían una mayor hegemonía, sobre todo, ya en épocas posteriores al Egipto Antiguo. A partir de ahí, las mujeres no tendrían la oportunidad de desempeñar ese rol en la religión, debido a que los hombres ocuparían la totalidad de oficios relacionados con este ámbito. El penúltimo escalón, es el de la nobleza, donde habría diversidad de personas en este apartado, pudiendo encontrar a mujeres como hermanas, madres y esposas de alguien con categoría de nobleza. Esta se relaciona con el ámbito de la familia real, ya que estas mujeres tendrían tal consideración social alta debido a que sus padres, hermanos, o hijos, ascienden al cargo de faraón. Por lo tanto, también se apreciaría una infravaloración de las capacidades de la mujer en Egipto, ya que las oportunidades que tienen no son las mismas que los hombres. También podría ser cierto, que, por el instinto de supervivencia de los egipcios, el sistema de dejar a la mujer en una posición de segundo plano podría haber sido simplemente como comodidad de los hombres, y porque les funcionaría para resolver el problema del reparto de tareas dentro de la sociedad.

Posteriormente, dentro de esta sociedad, se podrían discernir apartados como el de la familia, vista como una unidad social donde se educaría a las próximas generaciones futuras de Egipto, con unos parámetros que se basarían en lo culturalmente establecido. Por lo tanto, surgirán consideraciones positivas y negativas con respecto al embarazo y la menstruación de las mujeres, ya que, por el hecho de producir ese líquido claramente biológico y natural, ella sería considerada como impura para el resto de la sociedad. Por lo tanto, se ve la influencia que ejerce la cultura para estigmatizar algo puramente biológico que los ha acompañado a las mujeres desde el momento en que empezaron a serlo.

Además, estaría la sexualidad de las personas que condicionaría la consideración cultural que se tenga de ellas; en el caso de la homosexualidad, no habría buena opinión acerca de la misma, y tal vez podría residir en cuestiones meramente biológicas y de supervivencia, ya que, aunque estemos de acuerdo o no, en esa etapa esas personas no podrían desarrollar el ideal del hombre y la mujer egipcia como sería el de fundar una familia y continuar con el desarrollo y mantenimiento de la sociedad. Por lo tanto, la heterosexualidad gozaba de un prestigio considerable, consiguiendo una hegemonía clara debido a que la considerarían como la opción idónea para la supervivencia de la comunidad egipcia. A esto se le suma la forma de vestirse de cada individuo, que ejecuta unos cánones de belleza a través de la utilización de cosméticos, como una manera de tratar el cuerpo, para atraer a la persona de tu sexo contrario. Por lo tanto, dependiendo de si eras hombre o mujer se establecían unas formas de vestir diferente, con variedades de tejidos, y maneras de colocarse las prendas.

En el ámbito de la religión, podríamos señalar que los sacerdotes y sacerdotisas eran las figuras representativas de los ideales sagrados de esta sociedad. Cada persona de este oficio desempeñaría unas actividades diferentes, pero habiendo una clara hegemonía de los hombres sobre las mujeres. Esto se percibiría en que incluso en las tareas realizadas por ellas, los hombres podrían ejercer de supervisores o de directores de estas. Así, se creaban distinciones dentro de este elemento cultural como es la religión egipcia, para trasladarse al ámbito de lo funerario. En este aspecto, se podrá apreciar una mayor capacidad de oportunidades de los hombres de establecer una tumba destacable donde residir en la eternidad. Mientras que, las mujeres podrían permitirse unas tumbas menos vistosas y, por lo tanto, podrían haberse conservado peor, o podrían haber tenido menos probabilidades de ser descubiertas por los arqueólogos dado a su sencillez. Por último, en uno de sus mitos de creación del mundo, en el de la Enéada, habría una jerarquía clara en el orden de aparición de los dioses y las diosas egipcias. Por lo tanto, si desde las creencias de su propio origen ya hay una diferenciación clara entre hombres y mujeres, no es raro que se conciba y se personifique esa división en la sociedad.

De esta manera, hemos podido esclarecer como ha habido una diferenciación de oficios dentro de la sociedad egipcia que ha repercutido directamente en los dos sexos. Sería probable, que estas diferencias culturales, que han sido influidas por las biológicas, hayan sido establecidas como una forma de solucionar ciertos problemas que hubiera en esos momentos históricos. Por ejemplo, a cada persona se la establecería en el lugar que, según las concepciones del momento, les vendría mejor basándose en unos criterios de la biología humana y de su cultura. Podría ser posible que no tuviera que agradarles a estas personas el lugar que se les impusiera dentro de la sociedad, ya que con que les viniera bien a las personas de las altas clases sociales tendría validez. Por lo tanto, se hay una clara complementación de unos caracteres biológicos propiamente de las personas de Egipto, con unos caracteres culturales que se desarrollarían de generación en generación, con el objetivo de la supervivencia de esos ideales egipcios y el mantenimiento de estos en el futuro.

5. Bibliografía

ALBALAT D. 2007: ``La Mujer en el Antiguo Egipto´´, Jornades de Foment de la Investigació, Universitat Jaume I, Forum de Recerca Nº 13.

ÁLVAREZ C. B. 2017: ``La Sociedad en el Egipto de los Faraones´´, Historia Digital, XVII, Nº 29.

BEDMAN T. et MARTÍN F. J. 2010: *Hatshepsut de Reina a Faraón de Egipto*, La esfera de los Libros S.L.

DAWKINS R. 2017, *El Gen Egoísta,* Madrid, Editorial Salvat.

ESCOBAR LABELLA Mª C. 1998: Paseo a través de la Historia. Egipto, una civilización para la eternidad, Revista Burán Nº 12.

GÓNZALEZ SERRANO P. 1996: ``El vestido y la cosmética en el Antiguo Egipto´´, Revista Espacio Tiempo y Forma, Serie II.

MOLINERO L. 2012: ``Liderazgo en Femenino: Hatshepsut, el faraón mujer´´, Revista Agathos Nº 243.

REYES J. C. C. 2008: *Señoras y esclavas: El papel de la mujer en la historia social del Egipto antiguo*, Editorial El Colegio de México.

ROBINS G. 1996: *Las Mujeres en el Antiguo Egipto*, Editorial Akal, Madrid.

ROLLER D. W. 2023: *Cleopatra. Biografía de una Reina*, Desperta Ferro Ediciones.

ZINGARELLI A. P. 2004: *La Esclavitud en el Egipto del Imperio,* Sevilla, Ediciones ASADE.

Published
in December
2024

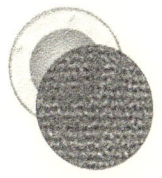

Faber & Sapiens